建工考试

全国一级建造师执业资格考试考霸笔记

U0773039

建设工程法规及相关知识

考霸笔记

全彩版

全国一级建造师执业资格考试考霸笔记编写委员会 编写

中国建筑工业出版社
中国城市出版社

全国一级建造师执业资格考试考霸笔记

编写委员会

蔡 鹏　炊玉波　高海静　葛新丽　黄 凯　李瑞豪

梁 燕　林丽菡　刘 辉　刘 敏　刘鹏浩　刘 洋

马晓燕　千成龙　孙殿桂　孙艳波　王竹梅　武佳伟

杨晓锋　杨晓雯　张 帆　张旭辉　周 华　周艳君

前　言

从每年一级建造师考试数据分析来看，一级建造师考试考查的知识点和题型呈现综合性、灵活性的特点，考试难度明显加大，然而枯燥的文字难免让考生望而却步。为了能够帮助广大考生更容易理解考试用书中的内容，我们编写了这套"全国一级建造师执业资格考试考霸笔记"系列丛书。

这套丛书由建造师执业资格考试培训老师，根据"考试大纲"和"考试教材"对执业人员知识能力要求，以及对历年考试命题规律的总结，通过图表结合的方式精心组织编写。本套丛书是对考试用书核心知识点的浓缩，旨在帮助考生梳理和归纳核心知识点。

本套丛书共 7 分册，分别是《建设工程经济考霸笔记》《建设工程项目管理考霸笔记》《建设工程法规及相关知识考霸笔记》《建筑工程管理与实务考霸笔记》《机电工程管理与实务考霸笔记》《市政公用工程管理与实务考霸笔记》《公路工程管理与实务考霸笔记》。

本套丛书包括以下几个显著特色：

考点聚焦　本套丛书运用思维导图、流程图和表格将知识点最大限度地图表化，梳理重要考点，凝聚考试命题的题源和考点，力求切中考试中 90% 以上的知识点；通过大量的实操图对考点进行形象化的阐述，并准确记忆、掌握重要知识点。

重点突出　编写委员会通过研究分析近年考试真题，根据考核频次和分值划分知识点，通过星号标示重要性，考生可以据此分配时间和精力，以达到用较少的时间取得较好的考试成绩的目的。同时，还通过颜色标记提示考生要特别注意的内容，帮助考生抓住重点，突破难点，科学、高效地学习。

贴心提示　本套丛书将不好理解的知识点归纳总结记忆方法、命题形式，提供复习指导建议，帮助考生理解、记忆，让备考省时省力。

[书中红色字体标记表示重点、易考点、高频考点；蓝色字体标记表示次重点。]

此外，为行文简洁明了，在本套丛书中用"[14、21年单选，15年多选，20年案例]"表示"2014、2021年考核过单项选择题，2015年考核过多项选择题，2020年考核过实务操作和案例分析题"。

为了使本套丛书尽早与考生见面，满足广大考生的迫切需求，参与本套丛书策划、编写和出版的各方人员都付出了辛勤的劳动，在此表示感谢。

本套丛书在编写过程中，虽然几经斟酌和校阅，但由于时间仓促，书中不免会出现不当之处和纰漏，恳请广大读者提出宝贵意见，并对我们的疏漏之处进行批评和指正。

目　录

1Z301000　建设工程基本法律知识

1Z301010　建设工程法律体系 001

1Z301020　建设工程法人制度 003

1Z301030　建设工程代理制度 005

1Z301040　建设工程物权制度 007

1Z301050　建设工程债权制度 010

1Z301060　建设工程知识产权制度 011

1Z301070　建设工程担保制度 014

1Z301080　建设工程保险制度 018

1Z301090　建设工程税收制度 019

1Z301100　建设工程法律责任制度 023

1Z302000　施工许可法律制度

1Z302010　建设工程施工许可制度 026

1Z302020　施工企业从业资格制度 028

1Z302030　建造师注册执业制度 031

1Z303000　建设工程发承包法律制度

1Z303010　建设工程招标投标制度 034

1Z303020　建设工程承包制度 043

1Z303030　建筑市场信用体系建设 045

1Z304000　建设工程合同和劳动合同法律制度

1Z304010　建设工程合同制度 047

1Z304020　劳动合同及劳动者权益保护制度 055

1Z304030　相关合同制度 061

1Z305000 建设工程施工环境保护、节约能源和文物保护法律制度

1Z305010 施工现场环境保护制度 069

1Z305020 施工节约能源制度 072

1Z305030 施工文物保护制度 075

1Z306000 建设工程安全生产法律制度

1Z306010 施工安全生产许可证制度 078

1Z306020 施工安全生产责任和安全生产教育培训制度 081

1Z306030 施工现场安全防护制度 085

1Z306040 施工安全事故的应急救援与调查处理 091

1Z306050 建设单位和相关单位的建设工程安全责任制度 095

1Z307000 建设工程质量法律制度

1Z307010 工程建设标准 099

1Z307020 施工单位的质量责任和义务 103

1Z307030 建设单位及相关单位的质量责任和义务 106

1Z307040 建设工程竣工验收制度 109

1Z307050 建设工程质量保修制度 113

1Z308000 解决建设工程纠纷法律制度

1Z308010 建设工程纠纷主要种类和法律解决途径 116

1Z308020 民事诉讼制度 118

1Z308030 仲裁制度 128

1Z308040 调解、和解制度与争议评审 131

1Z308050 行政复议和行政诉讼制度 134

1Z301000 建设工程基本法律知识

1Z301010 建设工程法律体系

【考点1】法律体系的基本框架（☆☆☆）[20年单选]

◆我国法律体系的基本框架是由宪法及宪法相关法、民法商法、行政法、经济法、社会法、刑法、诉讼与非诉讼程序法等构成。

【考点2】法的形式和效力层级（☆☆☆）

1. 法的形式 [14、16、21、22年单选]

法的形式 表1Z301010-1

形式	制定机关	内容
宪法	全国人民代表大会	最高的法律地位和法律效力
法律	全国人民代表大会及其常务委员会	国家主席签署主席令予以公布
行政法规	国务院	《建设工程质量管理条例》等
地方性法规、自治条例和单行条例	地方人民代表大会及其常务委员会	《北京市建筑市场管理条例》等
部门规章	国务院各部、委员会等	《必须招标的工程项目》等
地方政府规章	省、自治区、直辖市和设区的市、自治州的人民政府	
国际条约	我国与外国具有条约性质的文件	

 **直击考点** 本考点要能熟练区分法的形式及其制定机关，也要能判断哪些是行政法规哪些是部门规章。

2. 法的效力层级 [18、22 年单选]

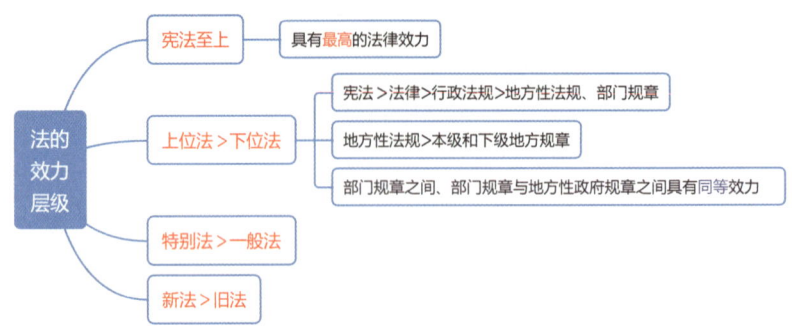

图 1Z301010-1　法的效力层级

直击考点 本考点的命题形式多为：关于法的效力层级的说法，正确的是（　　　）。

3. 需要裁决适用的特殊情况 [19、20、21、22 年单选]

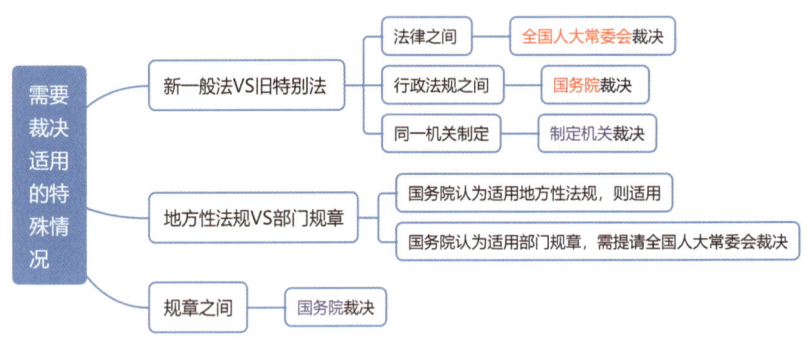

图 1Z301010-2　需要裁决适用的特殊情况

 **直击考点** 本考点易为填空式选择题。

4. 备案和审查 [16 年单选]

备案和审查　　　　　　　　　　　　　　　　　　表 1Z301010-2

法的层级	受理备案
行政法规	报全国人民代表大会常务委员会备案
省、自治区、直辖市的人民代表大会及其常务委员会制定的地方性法规	报全国人民代表大会常务委员会和国务院备案
设区的市、自治州的人民代表大会及其常务委员会制定的地方性法规	由省、自治区的人民代表大会常务委员会报全国人民代表大会常务委员会和国务院备案
自治州、自治县的人民代表大会制定的自治条例和单行条例	由省、自治区、直辖市的人民代表大会常务委员会报全国人民代表大会常务委员会和国务院备案

续表

法的层级	受理备案
部门规章和地方政府规章	报国务院备案
地方政府规章	应当同时报本级人民代表大会常务委员会备案
设区的市、自治州的人民政府制定的规章	应当同时报省、自治区的人民代表大会常务委员会和人民政府备案
根据授权制定的法规	报授权决定规定的机关备案

 关于备案的内容要掌握的关键点如下：

（1）公布后 30 日内。

（2）自治条例、单行条例报送备案时，应当说明对法律、行政法规、地方性法规作出变通的情况。

（3）经济特区法规报送备案时，应当说明对法律、行政法规、地方性法规作出变通的情况。

【考点3】建设民事商事法律关系的特点（☆☆☆）[18、19 年单选]

◆建设民事商事法律关系是主体之间的民事商事权利和民事商事义务关系。
◆建设民事商事关系是平等主体之间的关系。
◆建设民事商事关系主要是财产关系。
◆建设民事商事关系的保障措施具有补偿性和财产性。

1Z301020 建设工程法人制度

【考点1】法人应具备的条件（☆☆☆☆）

1. 法人应具备的条件 [19、20 年单选]

◆依法成立。
◆应当有自己的名称、组织机构、住所、财产或者经费。
◆能够独立承担民事责任。
◆有法定代表人。

口助诀记 依法、有名、有场所；财产独立担责任。

2. 法人的分类 [18年单选]

法人的分类　　　　　　　　　　　　　　　　　　表 1Z301020-1

分类	举例
营利法人	有限责任公司、股份有限公司和其他企业法人等
非营利法人	事业单位、社会团体、基金会、社会服务机构等
特别法人	机关法人、农村集体经济组织法人、城镇农村的合作经济组织法人、基层群众性自治组织法人

【考点2】法人在建设工程中的地位和作用（☆☆☆）[14年单选]

法人在建设工程中的地位和作用　　　　　　　　　表 1Z301020-2

项目	内容
地位	（1）施工单位、勘察设计单位、监理单位通常是具有法人资格的组织。 （2）建设单位一般也应当具有法人资格。但有时候，建设单位也可能是没有法人资格的其他组织。 （3）具有民事权利能力和民事行为能力。 （4）依法独立享有民事权利和承担民事义务，方能承担民事责任
作用	（1）法人是建设工程中的基本主体。 （2）确立了建设领域国有企业的所有权和经营权的分离

【考点3】企业法人与项目经理部的法律关系（☆☆☆☆☆）[14、16、21、22年单选，15年多选]

企业法人与项目经理部的法律关系　　　　　　　　表 1Z301020-3

项目	内容
项目经理部的概念	项目经理部是由一个项目经理与技术、生产、材料、成本等管理人员组成的项目管理班子，是一次性的具有弹性的现场生产组织机构
项目经理部的设立	（1）施工企业应当明确项目经理部的职责、任务和组织形式。 （2）项目经理部不具备法人资格，而是施工企业根据建设工程施工项目而组建的非常设的下属机构。 （3）项目经理根据企业法人的授权，组织和领导本项目经理部的全面工作
项目经理的性质	是企业法人授权在建设工程施工项目上的管理者
项目经理部行为的法律后果	由企业法人承担

 项目经理部没有按照合同约定完成施工任务，应由施工企业承担违约责任；项目经理签字的材料款未按时支付的，材料供应商应当以施工企业为被告提起诉讼。

1Z301030 建设工程代理制度

【考点1】代理的法律特征和主要种类（☆☆☆）[20年单选]

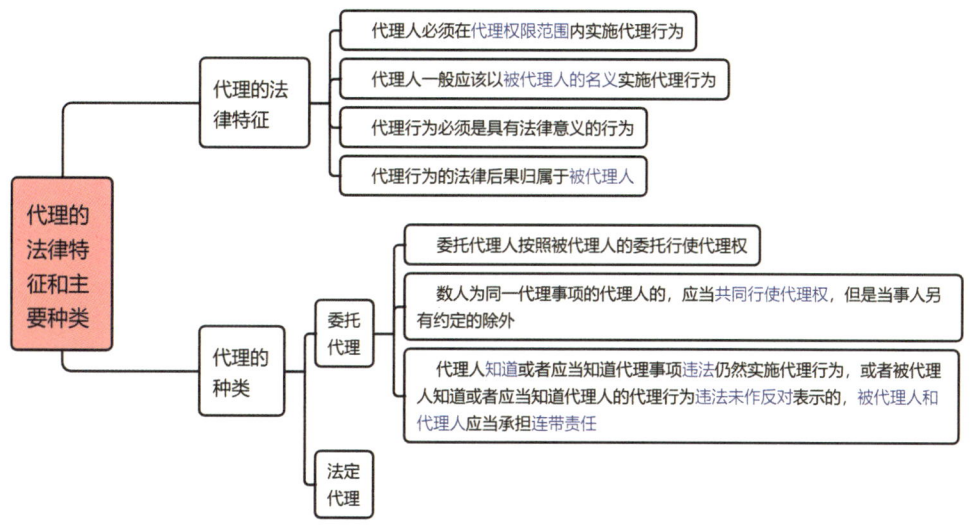

图 1Z301030-1　代理的法律特征和主要种类

（1）代理的法律特征可以根据四个关键词来理解记忆：范围、名义、法律意义和后果。

（2）委托代理是本考点的侧重点。

【考点2】建设工程代理行为的设立和终止（☆☆☆☆）

1. 建设工程代理行为的设立 [19年单选]

◆不得委托代理的建设工程活动：应当由本人亲自实施的民事法律行为，不得代理。

◆一般代理行为无法定的资格要求。

◆民事法律行为的委托代理：民事法律行为的委托代理，可以用书面形式，也可以用口头形式。但是，法律规定用书面形式的，应当用书面形式。

2. 建设工程代理行为的终止 [16、17、22年单选]

◆代理期间届满或代理事项完成。

◆被代理人取消委托或者代理人辞去委托。

◆代理人丧失民事行为能力。

◆代理人或者被代理人死亡。

◆作为被代理人或者代理人的法人、非法人组织终止。

（1）建设工程代理行为的终止，主要是左列第1、2、5三种情况。

（2）被代理人有权根据自己的意愿单方取消委托，也允许代理人单方辞去委托，均不必以对方同意为前提，并以通知到对方时，代理权即行消灭。

【考点3】代理人和被代理人的权利、义务及法律责任（☆☆☆☆☆）

1. 建设工程代理法律关系 [20年单选]

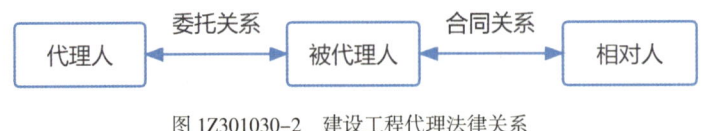

图 1Z301030-2　建设工程代理法律关系

2. 无权代理

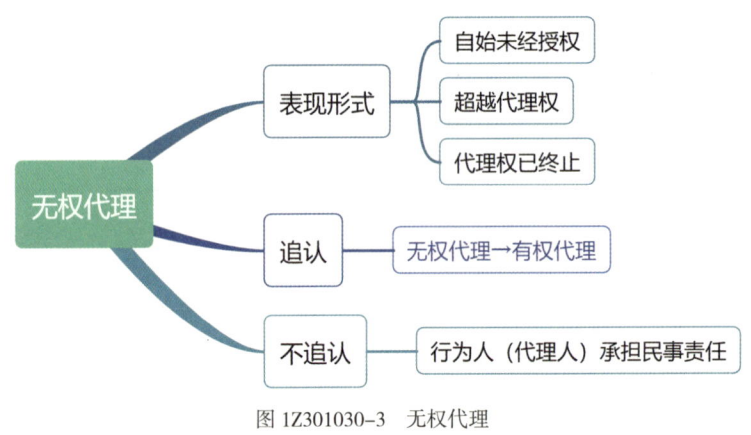

图 1Z301030-3　无权代理

3. 表见代理 [18、19、21、22年单选]

表见代理　　　　　　　　　　　　　　　　　　　　　表 1Z301030-1

项目	内容
法律后果的承担	表见代理是指行为人虽无权代理，但由于行为人的某些行为，造成了足以使善意相对人相信其有代理权的表象，而与善意相对人进行的、由本人承担法律后果的代理行为
效力	行为人没有代理权、超越代理权或者代理权终止后，仍然实施代理行为，相对人有理由相信行为人有代理权的，代理行为有效

 判断某一代理行为是否构成表见代理，主要从两个点下手："相对人善意"和"不知情"。本人不能以无权代理为抗辩。本人在承担表见代理行为所产生的责任后，可以向无权代理人追偿因代理行为而遭受的损失。

4. 代理中不当或违法行为应承担的法律责任 [18、21 年单选，13、16 年多选]

代理中不当或违法行为应承担的法律责任 表 1Z301030-2

行为	法律责任
损害被代理人利益	代理人和相对人串通，损害被代理人的利益的，由代理人和相对人负连带责任
相对人故意行为应承担的法律责任	相对人知道行为人没有代理权、超越代理权或者代理权已终止还与行为人实施民事行为给他人造成损害的，由相对人和行为人负连带责任
违法代理行为应承担的法律责任	代理人知道被委托代理的事项违法仍然进行代理活动的，或者被代理人知道代理人的代理行为违法不表示反对的，被代理人和代理人负连带责任

1Z301040 建设工程物权制度

【考点 1】物权的法律特征和主要种类（☆☆☆☆☆）

1. 物权的法律特征 [14 年单选]

◆物权是支配权。
◆物权是绝对权。
◆物权是财产权。
◆物权具有排他性。

2. 物权的种类 [16 年单选，19、20、22 年多选]

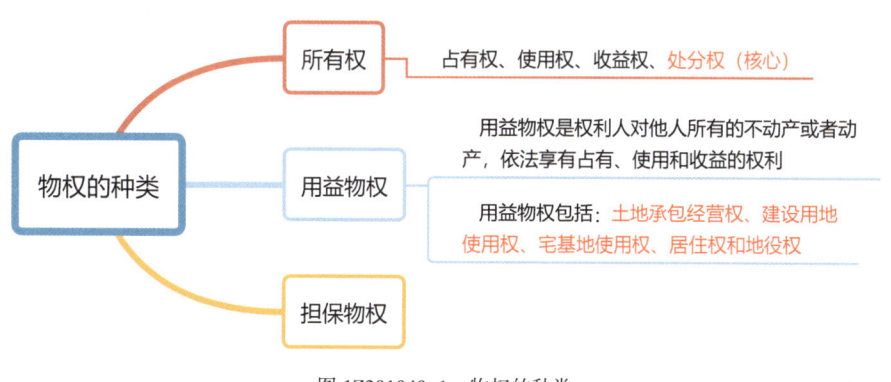

图 1Z301040-1 物权的种类

口助诀记 物权种类的助记：所有担保有用意（用益）。所有权的助记：占用益处。

【考点2】土地所有权、建设用地使用权和地役权（☆☆☆☆☆）

1. 土地所有权

- ◆ 我国实行土地的社会主义公有制，即全民所有制和劳动群众集体所有制。
- ◆ 国家实行土地用途管制制度。
- ◆ 严格限制农用地转为建设用地，控制建设用地总量，对耕地实行特殊保护。

2. 建设用地使用权的概念

建设用地使用权是因建造建筑物、构筑物及其附属设施而使用国家所有的土地的权利。建设用地使用权只能存在于国家所有的土地上，不包括集体所有的农村土地。

3. 建设用地使用权的设立 [19、20、22年单选，18年多选]

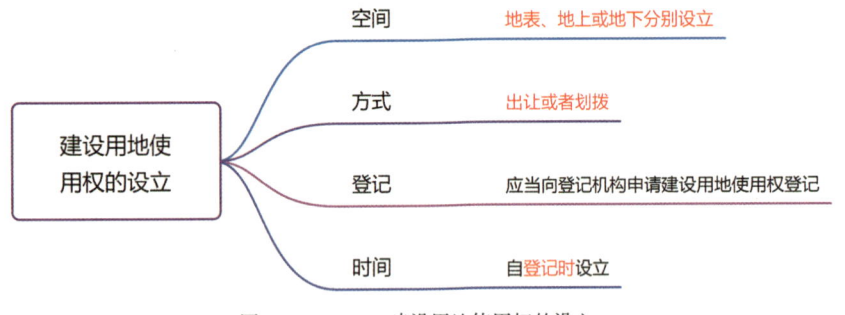

直击考点 建设用地使用权的设立时间多以填空式单项选择题进行考核，为高频考点。划拨方式与空间等多以多项选择题形式进行考核。

图 1Z301040-2　建设用地使用权的设立

4. 建设用地使用权的流转、续期和消灭 [15、21年单选]

建设用地使用权的流转、续期和消灭　　　　　　　　　　　　　　表 1Z301040-1

项目		内容
流转		（1）当事人应当采取书面形式订立相应的合同。使用期限由当事人约定，但不得超过建设用地使用权的剩余期限。 （2）应当向登记机构申请变更登记。 （3）附着于该土地上的建筑物、构筑物及其附属设施一并处分
续期	住宅	期满的，自动续期
	非住宅	期满后的续期，依照法律规定办理
消灭		建设用地使用权消灭的，出让人应当及时办理注销登记

 再次考核流转应符合的条件的概率极高，可以是"关于建设用地使用权的说法，正确的是（　　）"进行单项选择题或多项选择题的考核，也可能以填空的单项选择题形式进行考核。例如：下列行为中，不必将建筑物及其占用范围内的建设用地使用权一并处分的是（　　）。

5. 地役权 [13、16、18、20、21、22 年单选，14、17 年多选]

地役权 表 1Z301040-2

项目	内容
概念	地役权，是指为使用自己不动产的便利或提高其效益而按照合同约定利用他人不动产的权利。 他人的不动产为供役地，自己的不动产为需役地
设立	地役权自地役权合同生效时设立。土地上已设立土地承包经营权、建设用地使用权、宅基地使用权等权利的，未经用益物权人同意，土地所有权人不得设立地役权
变动	需役地以及需役地上的土地承包经营权、建设用地使用权部分转让时，转让部分涉及地役权的，受让人同时享有地役权。供役地以及供役地上的土地承包经营权、建设用地使用权部分转让时，转让部分涉及地役权的，地役权对受让人具有约束力

【考点 3】物权的设立、变更、转让、消灭和保护（☆☆☆☆☆）

1. 不动产物权的设立、变更、转让、消灭 [18、19 年单选，21 年多选]

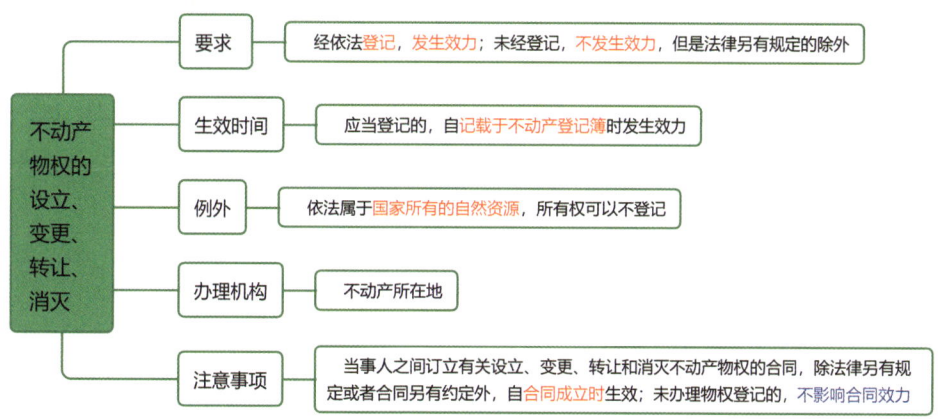

图 1Z301040-3　不动产物权的设立、变更、转让、消灭

 关于不动产物权的设立、变更、转让、消灭的命题方式多为："关于不动产物权设立的说法，正确的有（　　）"或"关于物权的说法，正确的是（　　）"。

2. 动产物权的设立和转让

◆动产物权以占有和交付为公示手段。
◆动产物权的设立和转让，自交付时发生效力。
◆船舶、航空器和机动车等物权的设立、变更、转让和消灭，未经登记，不得对抗善意第三人。

3. 物权的保护 [15 年单选]

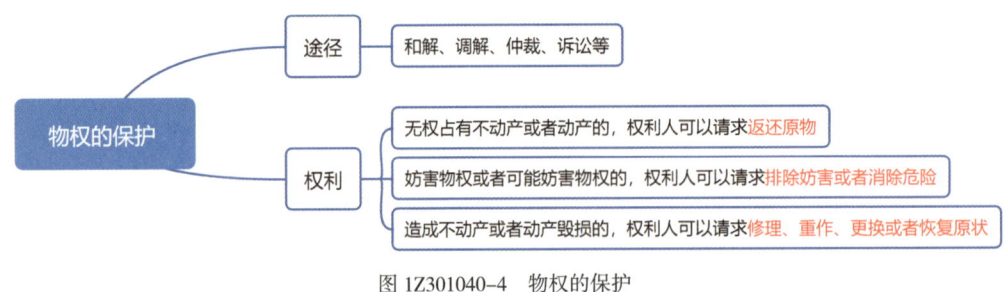

图 1Z301040-4   物权的保护

1Z301050 建设工程债权制度

【考点 1】债的基本法律关系（ ☆☆☆☆ ）[18、20 年单选，15 年多选]

债的基本法律关系   表 1Z301050-1

项目	内容
债权的概念	债权是因合同、侵权行为、无因管理、不当得利以及法律的其他规定，权利人请求特定义务人为或者不为一定行为的权利
债的内容	债的内容，是指债的主体双方间的权利与义务，即债权人享有的权利和债务人负担的义务，即债权与债务。 债权相对性理论的内涵：主体的相对性；内容的相对性；责任的相对性

【考点 2】债的发生根据（ ☆☆☆☆☆ ）
[13、14、16、17、19、21、22 年单选，14、16、18、19、20、21、22 年多选]

债的发生根据   表 1Z301050-2

发生根据	要点
合同	合同引起债的关系，是债发生的最主要、最普遍的依据
侵权	侵权，是指公民或法人没有法律依据而侵害他人的财产权利或人身权利的行为。如施工现场的施工噪声，有可能产生侵权之债。 建筑物、构筑物或者其他设施倒塌、塌陷造成他人损害的，由建设单位与施工单位承担连带责任，但是建设单位与施工单位能够证明不存在质量缺陷的除外。建设单位、施工单位赔偿后，有其他责任人的，有权向其他责任人追偿
无因管理	管理人没有法定的或者约定的义务，为避免他人利益受损失而管理他人事务的，可以请求受益人偿还因管理事务而支出的必要费用；管理人因管理事务受到损失的，可以请求受益人给予适当补偿

续表

发生根据	要点
不当得利	得利人**没有法律根据**取得不当利益的，受损失的人可以请求得利人返还取得的利益，但是有下列情形之一的除外： （1）为履行道德义务进行的给付； （2）债务到期之前的清偿； （3）明知无给付义务而进行的债务清偿

（1）因所有人、管理人、使用人或者第三人的原因，建筑物、构筑物或者其他设施倒塌、塌陷造成他人损害的，由所有人、管理人、使用人或者第三人承担侵权责任。

（2）债的发生根据也可以结合图1Z301050-1进行理解区分。

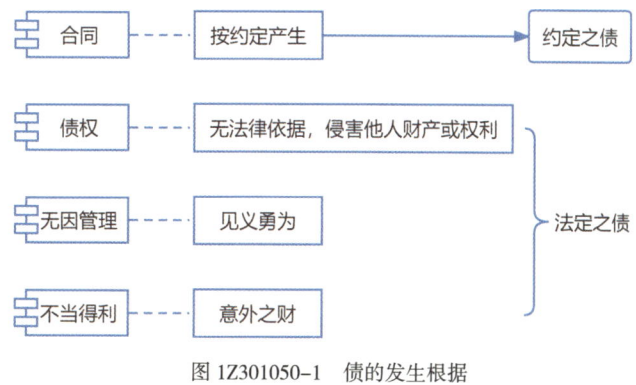

图 1Z301050-1 债的发生根据

【考点3】建设工程债的常见种类（☆☆☆）[18年单选，17年多选]

建设工程债的常见种类   表 1Z301050-3

种类	要点
施工合同债	施工合同的义务主要是完成施工任务和支付工程款。对于完成施工任务，建设单位是债权人，施工单位是债务人；对于支付工程款，则相反
买卖合同债	材料设备的买方有可能是建设单位，也可能是施工单位。他们会与材料设备供应商产生债
侵权之债	如施工噪声或者废水废弃物排放等扰民，可能对工地附近的居民构成侵权

1Z301060 建设工程知识产权制度

【考点1】知识产权的法律特征（☆☆☆☆）[20年单选，17年多选]

- ◆财产权和人身权的双重属性。
- ◆专有性。
- ◆地域性。
- ◆期限性。

【考点2】建设工程知识产权的常见种类（☆☆☆☆☆）

1. 专利权 [13、14、15、16、17、18、19、20、22年单选，14年多选]

表 1Z301060-1

专利权

保护对象	授予条件	保护期	起算
发明	新颖性、创造性和实用性	20年	申请日
实用新型		10年	
外观设计	新颖性＋富有美感和适于工业应用	15年	

（1）不丧失新颖性的情形。

申请专利的发明创造在申请日前6个月内，有下列情形之一的，不丧失新颖性：①在中国政府主办或者承认的国际展览会上首次展出的；②在规定的学术会议或者技术会议上首次发表的；③他人未经申请人同意而泄露其内容的。

（2）专利申请日。

国务院专利行政主管部门收到专利申请文件之日为申请日。如果申请文件是邮寄的，以寄出的邮戳日为申请日。

（3）发明应具备的三个条件。

（4）本考点的命题方式主要如下：

1）下列知识产权法保护对象中，属于专利法保护对象的是（ ）。

2）某施工企业准备将一项发明创造申请专利，导致该发明的创造新颖性丧失的情形是（ ）。

3）关于××的说法，正确的是（ ）。

4）2014年6月10日，某施工企业委托某专利事务所申请发明专利。6月12日该专利事务所向国家专利局邮寄申请文件，6月15日国家专利局收到该文件。2015年6月16日，国家专利局作出授予发明专利权的决定并予以公告。该专利权届满的期限是（ ）。

2. 商标权 [15、21、22年单选，16年多选]

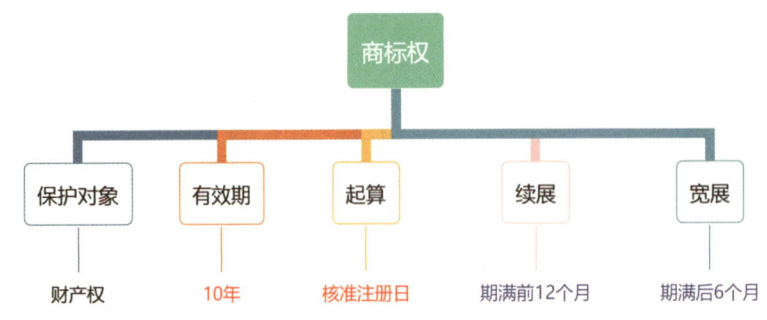

图 1Z301060-1　商标权

（1）商标专用权的内容只包括财产权，商标设计者的人身权受《中华人民共和国著作权法》保护。

（2）商标专用权包括使用权和禁止权两个方面。

（3）转让注册商标的，转让人和受让人应当**共同向商标局**提出申请。商标专用权人可以将**商标连同企业或者商誉同时转让**，也可以将商标**单独转让**。

3. 著作权 [17 年单选]

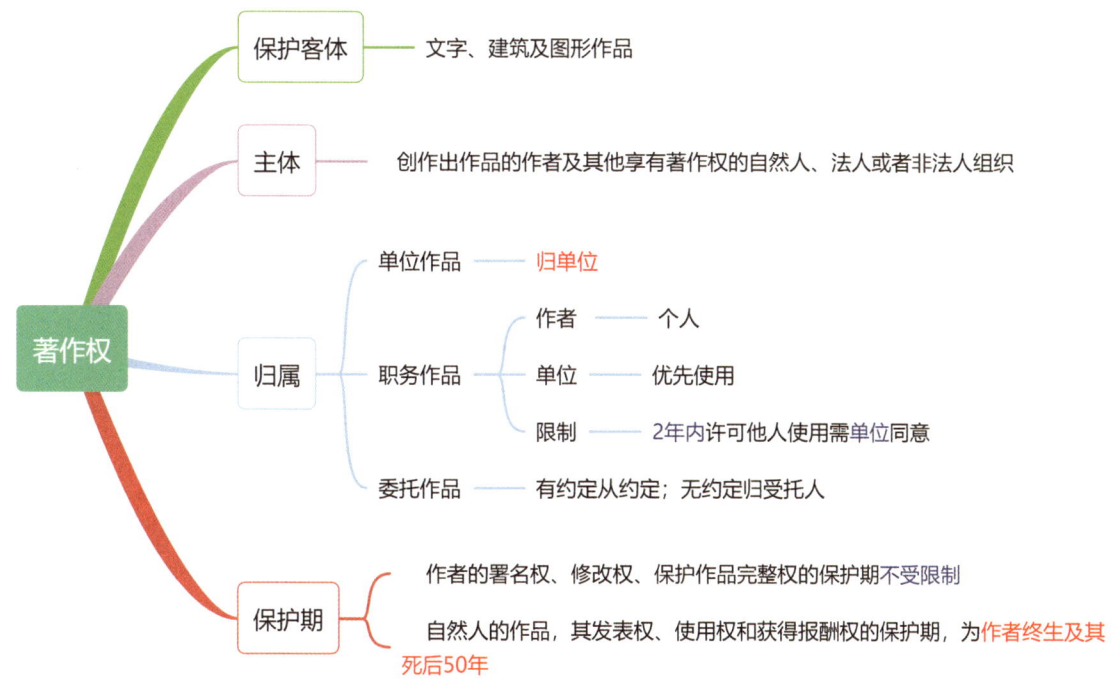

图 1Z301060-2　著作权

4. 计算机软件的法律保护 [21 年单选，15 年多选]

计算机软件的法律保护　　　　　　　　　　　　表 1Z301060-2

项目	内容
软件著作权的归属	（1）软件著作权属于**软件开发者**。 （2）如无相反证明，在软件上署名的自然人、法人或者其他组织为开发者。 （3）由两个以上的自然人、法人或者其他组织合作开发的软件，其著作权的归属由合作开发者签订书面合同约定
计算机软件著作权的保护期限	自然人的软件著作权，保护期为自然人终生及其死亡后 50 年，截止于自然人死亡后第 50 年的 12 月 31 日；软件是合作开发的，截止于最后死亡的自然人死亡后第 50 年的 12 月 31 日

 为了学习和研究软件内含的设计思想和原理，通过安装、显示、传输或者存储软件等方式使用软件的，可以不经软件著作权人许可，不向其支付报酬。

1Z301070 建设工程担保制度

【考点1】担保与担保合同的规定（☆☆☆☆）[14、17、20年单选，22年多选]

担保与担保合同的规定　　　　　　　　　　表 1Z301070-1

项目	内容
担保目的	债务人履行债务实现债权人权利
担保合同效力	有约定从约定，无约定：主合同无效→担保合同无效
担保的方式	保证、抵押、质押、留置和定金

 保证是最为常用的一种担保方式。在建设工程活动中，保证人往往是银行，也有信用较高的其他担保人，如担保公司。

【考点2】建设工程保证担保的方式和责任（☆☆☆☆）

1. 保证合同、保证方式与保证人资格 [15、17、18年单选，13、14、22年多选]

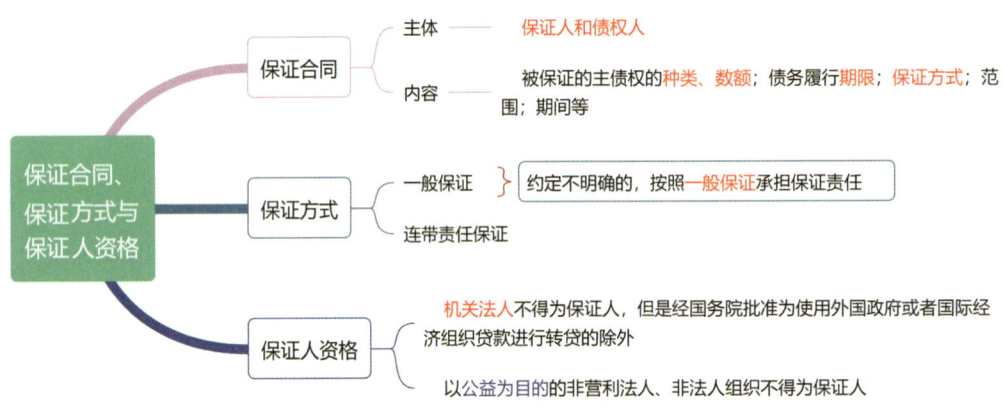

图 1Z301070-1　保证合同、保证方式与保证人资格

 （1）约定不明按一般保证是需要格外注意的点，避免混淆。

（2）一般保证的保证人在主合同纠纷未经审判或者仲裁，并就债务人财产依法强制执行仍不能履行债务前，有权拒绝向债权人承担保证责任，但是有下列情形之一的除外：

1）债务人下落不明，且无财产可供执行。

2）人民法院已经受理债务人破产案件。

3）债权人有证据证明债务人的财产不足以履行全部债务或者丧失履行债务能力。

4）保证人书面表示放弃该项权利。

（3）本考点的命题方式举例如下：

1）保证合同的当事人为（　　）。

2）甲施工企业与乙水泥厂签订了水泥采购合同，并由丙公司作为该合同的保证人，担保该施工企业按照合同约定支付货款，但是担保合同中并未约定担保方式。水泥厂供货后，甲施工企业迟迟不付款。那么，丙公司承担保证责任的方式应为（　　）。

3）下列主体可以作为保证人的有（　　）。

2. 保证的范围、责任及期间 [22 年单选，13 年多选]

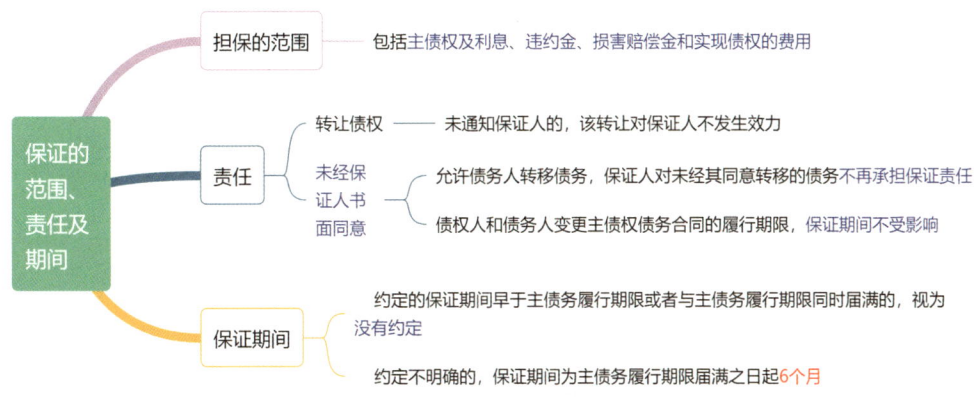

图 1Z301070-2　保证的范围、责任及期间

3. 建设工程施工常用的担保种类 [18 年单选]

◆施工投标保证金。
◆施工合同履约保证金。
◆工程款支付担保。
◆预付款担保。

【考点3】抵押权、质权、留置权、定金的规定（☆☆☆☆☆）

1. 抵押权的概念 [14 年单选]

◆为担保债务的履行，债务人或者第三人**不转移财产的占有**，将该财产抵押给债权人的，债务人不履行到期债务或者发生当事人约定的实现抵押权的情形，债权人有权就该财产优先受偿。债权人的这一权利就是抵押权。

2. 抵押物 [21、22 年单选，16 年多选]

抵押物　　　　　　　　　　　　　　　　　　　表 1Z301070-2

可以抵押的财产	不得抵押的财产
（1）建筑物和其他土地附着物。	（1）土地所有权。

可以抵押的财产	不得抵押的财产
（2）建设用地使用权。 （3）海域使用权。 （4）生产设备、原材料、半成品、产品。 （5）正在建造的建筑物、船舶、航空器。 （6）交通运输工具。 （7）法律、行政法规未禁止抵押的其他财产。 对于以上第（1）项至第（3）项规定的财产或者第（5）项规定的正在建造的建筑物抵押的，应当办理抵押登记。抵押权自登记时设立	（2）宅基地、自留地、自留山等集体所有土地的使用权，但是法律规定可以抵押的除外。 （3）学校、幼儿园、医疗机构等为公益目的成立的非营利法人的教育设施、医疗卫生设施和其他公益设施。 （4）所有权、使用权不明或者有争议的财产。 （5）依法被查封、扣押、监管的财产。 （6）法律、行政法规规定不得抵押的其他财产

3. 抵押的效力及抵押权的实现 [13 年单选]

抵押的效力及抵押权的实现　　　　　　　　　　　　表 1Z301070-3

项目	内容
抵押的效力	（1）抵押人有义务妥善保管抵押物并保证其价值。 （2）抵押权人能够证明抵押财产转让可能损害抵押权的，可以请求抵押人将转让所得的价款向抵押权人提前清偿债务或者提存。 （3）转让的价款超过债权数额的部分归抵押人所有，不足部分由债务人清偿。 （4）抵押权不得与债权分离而单独转让或者作为其他债权的担保
抵押权的实现	抵押财产折价或拍卖、变卖后价款超过债权数额的部分归抵押人所有，不足部分由债务人清偿。 同一财产向两个以上债权人抵押的： （1）已经登记的，按照登记的时间先后确定清偿顺序； （2）已经登记的先于未登记的受偿； （3）未登记的，按照债权比例清偿。 其他可以登记的担保物权，清偿顺序参照上述规定

 以动产抵押的，抵押权自抵押合同生效时设立；未经登记，不得对抗善意第三人。

4. 质权 [19 年单选，18、20、21 年多选]

质权　　　　　　　　　　　　　　　　　表 1Z301070-4

项目	内容
特征	以转移占有为特征
种类	动产质权和权利质权
可以出质的权利	（1）汇票、本票、支票。 （2）债券、存款单。 （3）仓单、提单。

续表

项目	内容
可以出质的权利	（4）可以转让的基金份额、股权。 （5）可以转让的注册商标专用权、专利权、著作权等知识产权中的财产权。 （6）现有的以及将有的应收账款。 （7）法律、行政法规规定可以出质的其他财产权利

（1）质权也可能与抵押权进行综合性的考核，要注意对比区分。
（2）本考点的命题方式举例如下：
1）关于可用于抵押权和质权的财产的说法，正确的有（　　）。
2）债务人或者第三人有权处分的下列权利中，可以出质的有（　　）。
3）关于质权的说法，正确的有（　　）。

5. 留置权 [14 年单选]

留置权　　　　　　　　　　　　　　　　　　　　　表 1Z301070-5

项目	内容
特点	债权人按照合同约定占有债务人的动产；优先受偿权
履行期限	给债务人 60 日以上履行债务的期限，鲜活易腐的除外
义务	留置权人负有妥善保管留置物的义务

6. 定金 [17、18、20、21 年单选]

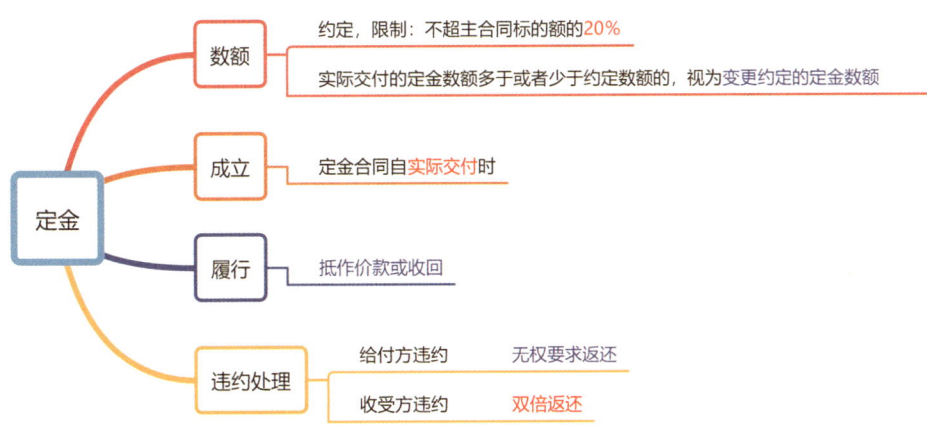

图 1Z301070-3　定金

（1）定金数额超过 20% 的部分不产生定金的效力。
（2）关于定金数额，常以小案例的形式进行考核，题干设置如：甲建设单位与乙设计院签订了设计合同。合同约定，设计费为 200 万元，定金为设计费的 15%，甲已支付定金。如果乙在规定期限内不履行合同，应该返还给甲（　　）万元。
（3）除小案例形式的考核外，最多的命题方式为：根据《中华人民共和国民法典》，关于定金的说法，正确的是（　　）。

1Z301080 建设工程保险制度

【考点1】保险与保险索赔的规定（☆☆☆☆☆）

1. 保险合同 [14、16、17、19、20、22 年单选]

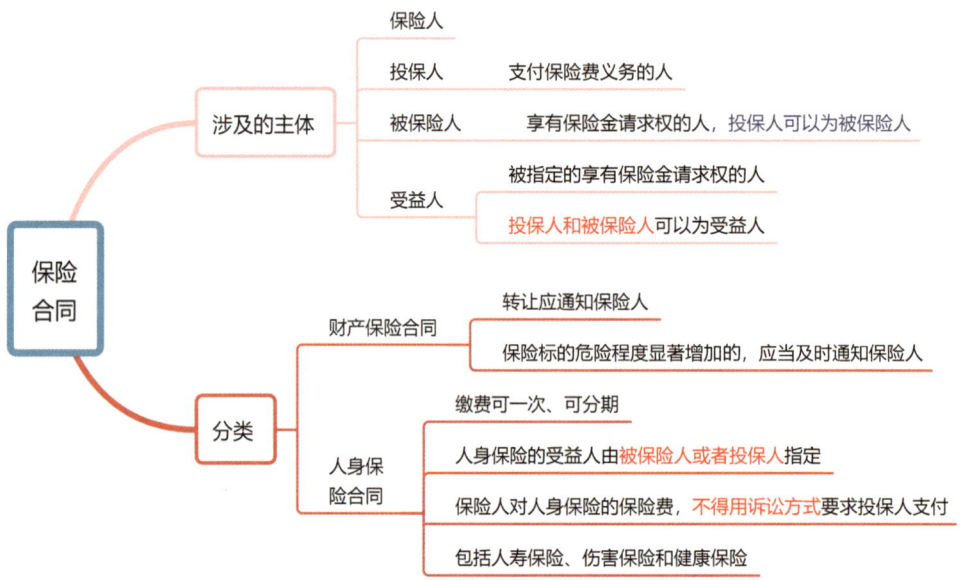

图 1Z301080-1　保险合同

（1）在合同的有效期内，保险标的危险程度显著增加的，被保险人及时通知保险人后，保险人可以按照合同约定增加保险费或者解除合同。

（2）本考点的命题方式举例如下：

1）关于人身保险合同的说法，正确的是（　　）。

2）在财产保险合同有效期内，保险标的危险程度显著增加的，被保险人应当按照合同约定及时通知保险人，保险人可以按照合同约定提出的权利主张是（　　）。

（3）上述"1）关于人身保险合同的说法……"的提问方式考核频次最高，综合性也最强。

2. 保险索赔 [14、17、19 年单选]

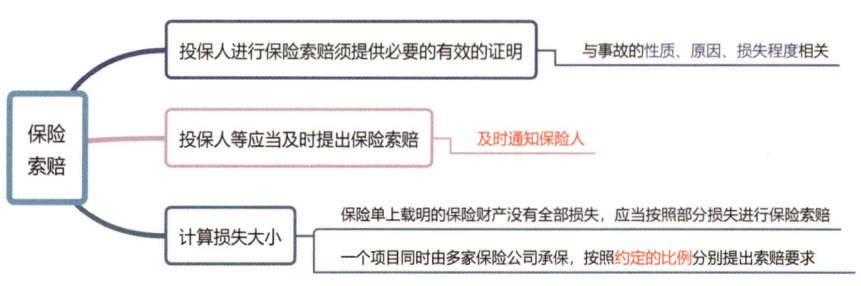

图 1Z301080-2　保险索赔

【考点2】建设工程保险的主要种类和投保权益（☆☆☆☆☆）

建筑工程一切险和安装工程一切险 [16、18、19、20、21、22 年单选]

建筑工程一切险和安装工程一切险　　　　　　　　　　表 1Z301080-1

项目	责任范围	除外责任	起始日	终止日	被保险人
建筑工程一切险	（1）自然事件。 （2）意外事故	通过保险责任范围及常识即可作出正确答案。无需刻意记忆，能够区分建筑工程一切险与安装工程一切险除外责任的不同即可	工地动工或相关材料运抵工地	（1）签发完工验收证书（验收合格）。 （2）实际占用。以先发生者为准	（1）业主或工程所有人。 （2）承包商或者分包商。 （3）技术顾问
安装工程一切险					

直击考点　安装工程一切险的保险期内，一般应包括一个试车考核期。安装工程一切险对考核期的保险责任一般不超过 3 个月，若超过 3 个月，应另行加收保险费。

1Z301090 建设工程税收制度

【考点1】企业和个人所得税的规定（☆☆☆☆☆）

1. 企业所得税的纳税人 [2018 年单选]

◆在中华人民共和国境内，企业和其他取得收入的组织（以下统称企业）为企业所得税的纳税人，依照《中华人民共和国企业所得税法》的规定缴纳企业所得税。个人独资企业、合伙企业不适用本法。

2. 企业应纳税所得额 [18、20 年单选，19、22 年多选]

企业应纳税所得额　　　　表 1Z301090-1

收入总额	不征税收入
（1）销售货物收入。 （2）提供劳务收入。 （3）转让财产收入。 （4）股息、红利等权益性投资收益。 （5）利息收入。 （6）租金收入。 （7）特许权使用费收入。 （8）接受捐赠收入。 （9）其他收入	（1）财政拨款。 （2）依法收取并纳入财政管理的行政事业性收费、政府性基金。 （3）国务院规定的其他不征税收入

直击考点
（1）企业每一纳税年度的收入总额，减除不征税收入、免税收入、各项扣除以及允许弥补的以前年度亏损后的余额，为应纳税所得额。
（2）优先记忆不征税收入的范围可以提高复习的效率。
（3）本考点的命题方式很简单，通常用"属于、不属于"的方式进行问答。

3. 个人所得税的征税范围和税率 [17、19、22 年单选，21 年多选]

个人所得税的征税范围和税率   表 1Z301090-2

序号		征税范围	税率
1	工资、薪金所得	合称为综合所得。 （1）居民个人所得按纳税年度合并计算个人所得税。 （2）非居民个人所得，按月或者按次分项计算个人所得税	3% 至 45% 的超额累进税率
2	劳务报酬所得		
3	稿酬所得		
4	特许权使用费所得		
5	经营所得	分别计算个人所得税	5% 至 35% 的超额累进税率
6	利息、股息、红利所得		比例税率，税率为 20%
7	财产租赁所得		
8	财产转让所得		
9	偶然所得		

4. 个人所得税的减免税优惠 [19 年单选]

个人所得税的减免税优惠   表 1Z301090-3

项目	内容
免征	（1）省级人民政府、国务院部委和中国人民解放军军以上单位，以及外国组织、国际组织颁发的科学、教育、技术、文化、卫生、体育、环境保护等方面的奖金。 （2）国债和国家发行的金融债券利息。 （3）按照国家统一规定发给的补贴、津贴。 （4）福利费、抚恤金、救济金。 （5）保险赔款。 （6）军人的转业费、复员费、退役金。 （7）按照国家统一规定发给干部、职工的安家费、退职费、基本养老金或者退休费、离休费、离休生活补助费。 （8）依照有关法律规定应予免税的各国驻华使馆、领事馆的外交代表、领事官员和其他人员的所得。 （9）中国政府参加的国际公约、签订的协议中规定免税的所得。 （10）国务院规定的其他免税所得
减征	（1）残疾、孤老人员和烈属的所得。 （2）因自然灾害遭受重大损失的

直击考点 本考点于 2019 年以小案例的形式将减免税收优惠与税率进行了综合性的考核，命题方式如下：

某施工企业技术员王某，2019 年 6 月的财产租赁所得为 10000 元，国债利息收入为 3000 元，股息所得为 2000 元，保险赔款为 5000 元。王某 6 月的以上所得应当缴纳的个人所得税为（　　　）元。

【考点2】企业增值税的规定（☆☆☆☆☆）

1. 应纳税额的计算 [19、20 年单选，18 年多选]

应纳税额的计算　　　　　　　　　表 1Z301090-4

项目	内容
核算与抵扣	（1）纳税人兼营不同税率的项目，应当分别核算不同税率项目的销售额；未分别核算销售额的，从高适用税率。 （2）纳税人销售货物、劳务、服务、无形资产、不动产（以下统称应税销售行为），应纳税额为当期销项税额抵扣当期进项税额后的余额。 （3）当期销项税额小于当期进项税额不足抵扣时，其不足部分可以结转下期继续抵扣。 （4）小规模纳税人发生应税销售行为，实行按照销售额和征收率计算应纳税额的简易办法，并不得抵扣进项税额
不得开具增值税专用发票	（1）应税销售行为的购买方为消费者个人的。 （2）发生应税销售行为适用免税规定的
税率	一般计税方法：2%
	简易计税方法：3%

 **本考点的命题方式主要有以下两种：**
（1）关于增值税应纳税额计算的说法，正确的是（　　）。
（2）关于税率进行填空式的选择题提问。

2. 销项税额的抵扣 [21 年单选]

销项税额的抵扣　　　　　　　　　表 1Z301090-5

准予从销项税额中抵扣的进项税额	不得从销项税额中抵扣的进项税额
（1）从销售方取得的增值税专用发票上注明的增值税额。 （2）从海关取得的海关进口增值税专用缴款书上注明的增值税额。 （3）购进农产品，除取得增值税专用发票或者海关进口增值税专用缴款书外，按照农产品收购发票或者销售发票上注明的农产品买价和 11% 的扣除率计算的进项税额，国务院另有规定的除外。 （4）自境外单位或者个人购进劳务、服务、无形资产或者境内的不动产，从税务机关或者扣缴义务人取得的代扣代缴税款的完税凭证上注明的增值税额	（1）用于简易计税方法计税项目、免征增值税项目、集体福利或者个人消费的购进货物、劳务、服务、无形资产和不动产。 （2）非正常损失的购进货物，以及相关的劳务和交通运输服务。 （3）非正常损失的在产品、产成品所耗用的购进货物（不包括固定资产）、劳务和交通运输服务。 （4）国务院规定的其他项目

 （1）优先记忆不得从销项税额中抵扣的进项税额的范围，可以减轻记忆量，提高复习效率。
（2）本考点各项内容也可以互为干扰选项以多项选择题形式进行考核。

【考点 3】其他相关税收的规定（☆☆☆☆☆）
[21、22 年单选，18、20、21、22 年多选]

其他相关税收的规定   表 1Z301090-6

项目	内容
城市维护建设税	城市维护建设税的纳税义务发生时间与增值税、消费税的纳税义务发生时间一致，分别与增值税、消费税同时缴纳
教育费附加	以各单位和个人实际缴纳的增值税、营业税、消费税的税额为计征依据，教育费附加率为3%
城镇土地使用税	（1）土地使用税以纳税人实际占用的土地面积为计税依据，依照规定税额计算征收。 （2）经省、自治区、直辖市人民政府批准，经济落后地区土地使用税的适用税额标准可以适当降低，注意降低额不得超过规定最低税额的30%。 （3）经济发达地区土地使用税的适用税额标准可以适当提高，但须报经财政部批准。 （4）按年计算，分期缴纳
房产税	（1）在城市、县城、建制镇和工矿区征收。 （2）由产权所有人缴纳。 （3）依照房产原值一次减除10%至30%后的余值计算缴纳。 （4）依照房产余值计算缴纳的，税率为1.2%；依照房产租金收入计算缴纳的，税率为12%
车船税	下列车船免征车船税： （1）捕捞、养殖渔船； （2）军队、武装警察部队专用的车船； （3）警用车船； （4）悬挂应急救援专用号牌的国家综合性消防救援车辆和国家综合性消防救援专用船舶； （5）依照法律规定应当予以免税的外国驻华使领馆、国际组织驻华代表机构及其有关人员的车船
车辆购置税	（1）实行一次性征收。 （2）税率为10%。 （3）免征：5类情形
契税	（1）转移土地、房屋权属的行为： 1）土地使用权出让； 2）土地使用权转让，包括出售、赠与、互换； 3）房屋买卖、赠与、互换。 （2）税率：3%~5%。 （3）免征：6类情形

 直击考点

（1）免征契税的情形大多以多项选择题的形式进行考核，主要包括：

1）国家机关、事业单位、社会团体、军事单位承受土地、房屋权属用于办公、教学、医疗、科研、军事设施。

2）非营利性的学校、医疗机构、社会福利机构承受土地、房屋权属用于办公、教学、医疗、科研、养老、救助。

3）承受荒山、荒地、荒滩土地使用权用于农、林、牧、渔业生产。

4）婚姻关系存续期间夫妻之间变更土地、房屋权属。

5）法定继承人通过继承承受土地、房屋权属。

6）依照法律规定应当予以免税的外国驻华使馆、领事馆和国际组织驻华代表机构承受土地、房屋权属。

（2）本考点的可考点较分散，其主要命题方式举例如下：

1）关于××税的说法，正确的是（ 　　 ）。

2）××税的免征范围有（ 　　 ）。

3）下列凭证中，属于印花税应纳税凭证的有（ 　　 ）。

1Z301100 建设工程法律责任制度

【考点1】法律责任的基本种类和特征（☆☆☆）[17年多选]

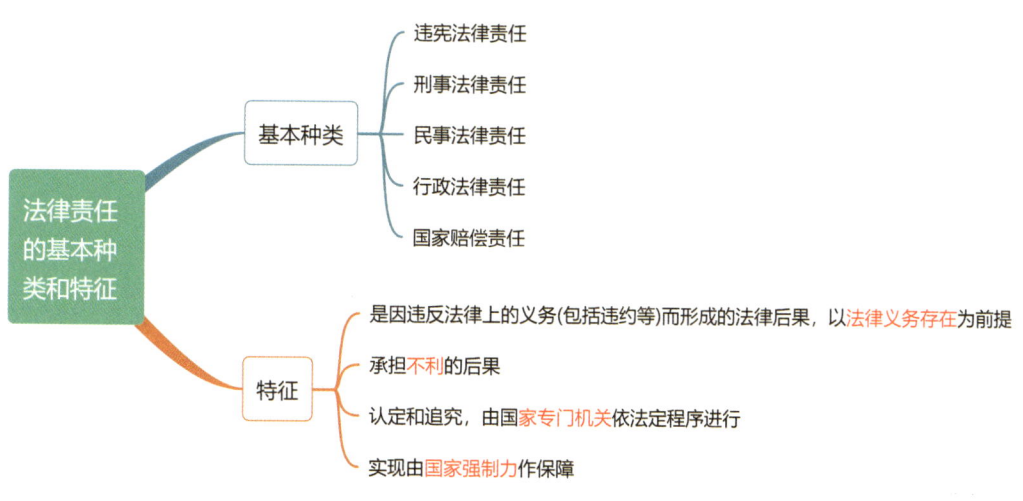

图 1Z301100-1 法律责任的基本种类和特征

【考点2】建设工程民事责任的种类及承担方式（☆☆☆☆）[17、18年单选，15年多选]

建设工程民事责任的种类及承担方式　　　　　　　表 1Z301100-1

项目	内容
种类	违约责任和侵权责任
承担方式	停止侵害；排除妨碍；消除危险；返还财产；恢复原状；修理、重作、更换；继续履行；赔偿损失；支付违约金；消除影响、恢复名誉；赔礼道歉

 **口助诀记** 主要承担方式：止侵、排妨、除危险；还钱（返还财产）复原管修理；影响赔偿复名誉；违约给付要道歉。

 **直击考点** 以上承担民事责任的方式，可以单独适用，也可以合并适用。建设工程民事责任的主要承担方式：返还财产；修理；赔偿损失；支付违约金。

【考点 3】建设工程行政责任的种类及承担方式（☆☆☆☆）
[16、20、22 年单选，14、16、18 年多选]

建设工程行政责任的种类及承担方式　　　表 1Z301100-2

行政处罚	行政处分
（1）警告、通报批评。 （2）罚款、没收违法所得、没收非法财物。 （3）暂扣许可证件、降低资质等级、吊销许可证件。 （4）限制开展生产经营活动、责令停产停业、责令关闭、限制从业。 （5）行政拘留。 （6）法律、行政法规规定的其他行政处罚	（1）警告。 （2）记过。 （3）记大过。 （4）降级。 （5）撤职。 （6）开除

 在建设工程领域，法律、行政法规所设定的行政处罚主要有：警告、罚款、没收违法所得、降低资质等级、吊销许可证件、责令停产停业。

【考点 4】建设工程刑事责任的种类及承担方式（☆☆☆☆☆）

1. 刑罚的分类 [13、21 年单选，20 年多选]

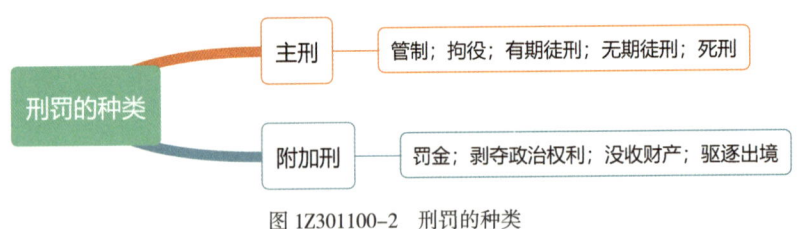

图 1Z301100-2　刑罚的种类

 （1）本考点最常用的命题方式为"属于或不属于……"，如：下列法律责任中，属于刑罚主刑的是（　　　）。

（2）本考点的另一命题方式是：关于刑罚分类的说法，正确的是（　　　）。

2. 建设工程中常见的刑事法律责任 [14、15、16、19 年单选，17、21 年多选]

建设工程中常见的刑事法律责任　　　表 1Z301100-3

种类	构成要件	造成后果	法律责任
工程重大安全事故罪	建设单位、设计单位、施工单位、工程监理单位违反国家规定，降低工程质量标准	造成重大安全事故	对直接责任人员处 5 年以下有期徒刑或者拘役，并处罚金；后果特别严重的，处 5 年以上 10 年以下有期徒刑，并处罚金
重大责任事故罪	在生产、作业中违反有关安全管理的规定	发生重大伤亡事故或者造成其他严重后果	处 3 年以下有期徒刑或者拘役；情节特别恶劣的，处 3 年以上 7 年以下有期徒刑

续表

种类	构成要件	造成后果	法律责任
重大责任事故罪	强令他人违章冒险作业，或者明知存在重大事故隐患而不排除	发生重大伤亡事故或者造成其他严重后果	处 5 年以下有期徒刑或者拘役；情节特别恶劣的，处 5 年以上有期徒刑
重大劳动安全事故罪	安全生产设施或者安全生产条件不符合国家规定	发生重大伤亡事故或者造成其他严重后果	对直接负责的主管人员和其他直接责任人员，处 3 年以下有期徒刑或者拘役；情节特别恶劣的，处 3 年以上 7 年以下有期徒刑
串通投标罪	投标人相互串通投标报价	损害招标人或者其他投标人利益，情节严重的	处 3 年以下有期徒刑或者拘役，并处或者单处罚金

（1）上述几项罪名通常以小案例的形式让考生判断属于哪一具体罪名。命题方式如：某开发商在一大型商场项目的开发建设中，违反国家规定，擅自降低工程质量标准，因而造成重大安全事故。该事故责任主体应该承担的刑事责任是（　　　）。

（2）另一命题方式为让考生分析判断某一违法行为应承担哪些刑事责任。

1Z302000 施工许可法律制度

1Z302010 建设工程施工许可制度

【考点1】施工许可证的适用范围（☆☆☆☆）[20年单选，19、21年多选]

施工许可证的适用范围   表 1Z302010-1

项目	内容	
需要办理的	申请主体	建设单位
	时间要求	开工前
不需要办理的	限额以下的小型工程	投资额在30万元以下或者建筑面积在300m² 以下的建筑工程
	抢险救灾等工程	
不重复办理的	按照国务院规定的权限和程序批准开工报告的建筑工程	
另行规定的	军用房屋建筑工程	

 省、自治区、直辖市人民政府住房和城乡建设主管部门可以根据当地的实际情况，对限额进行调整，并报国务院住房和城乡建设主管部门备案。

【考点2】申请主体和法定批准条件（☆☆☆☆☆）
　　　　　　[13、14、16、17、18、19、22年单选，20、22年多选]

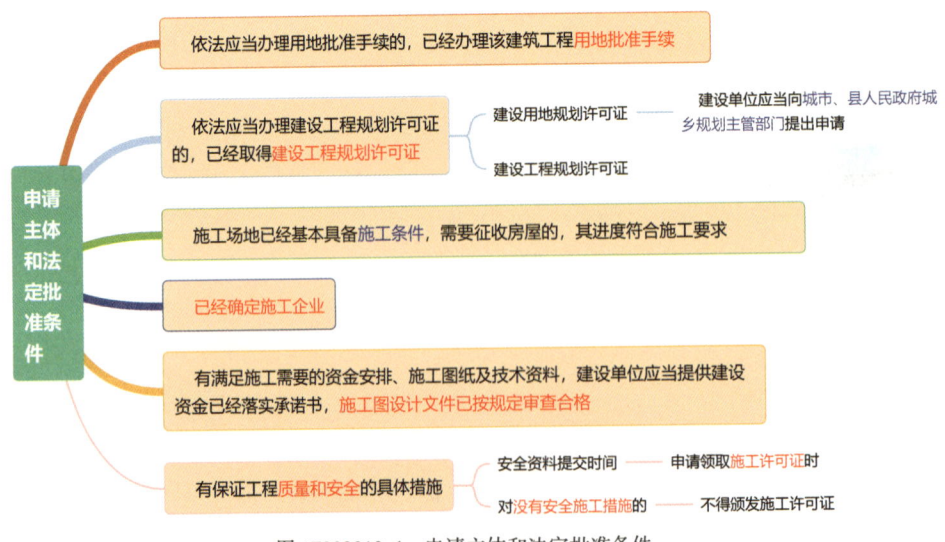

图 1Z302010-1 申请主体和法定批准条件

 上述各项法定条件必须同时具备，缺一不可。

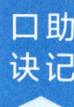 **口助诀记** 用地需审批；工程有规划；施工具条件（征收有进度）；施工企业定；资金需落实（图纸合要求）；治安（质量安全）有措施。

【考点3】延期开工、核验和重新办理批准的规定（☆☆☆☆☆）

1. 申请延期的规定 [15、16、21年单选，18年多选]

图 1Z302010-2　申请延期的规定

2. 核验施工许可证的规定 [13、17、19、22年单选]

核验施工许可证的规定　　　　　　　　　　表 1Z302010-2

项目	报告时限	报告主体	受理单位	备注
中止施工	中止施工之日起 1 个月内	建设单位	发证机关	维护管理
恢复施工	中止施工满 1 年			核验施工许可证

 在恢复施工时，经核验符合条件的，应允许恢复施工，施工许可证继续有效；经核验不符合条件的，应当收回其施工许可证，不允许恢复施工，由建设单位重新申领施工许可证。

3. 重新办理批准手续的规定 [16年多选]

重新办理批准手续的规定　　　　　　　　　　表 1Z302010-3

项目	内容
不能按期开工或者中止施工	及时向批准机关报告情况
因故不能按期开工超过 6 个月	重新办理开工报告的批准手续

【考点 4】违法行为应承担的法律责任（☆☆☆）

违法行为应承担的法律责任　　表 1Z302010-4

违法行为	法律责任
规避办理施工许可证	对于未取得施工许可证或者为规避办理施工许可证将工程项目分解后擅自施工的，由有管辖权的发证机关责令停止施工，限期改正，对建设单位处工程合同价款 1% 以上 2% 以下罚款；对施工单位处 3 万元以下罚款
骗取和伪造施工许可证	建设单位采用欺骗、贿赂等不正当手段取得施工许可证的，由原发证机关撤销施工许可证，责令停止施工，并处 1 万元以上 3 万元以下罚款；构成犯罪的，依法追究刑事责任
	建设单位伪造或者涂改施工许可证的，由发证机关责令停止施工，并处 1 万元以上 3 万元以下罚款；构成犯罪的，依法追究刑事责任

1Z302020 施工企业从业资格制度

【考点 1】企业资质的法定条件和等级（☆☆☆☆☆）

1. 施工企业资质的法定条件与资质序列 [17 年单选，18、21 年多选]

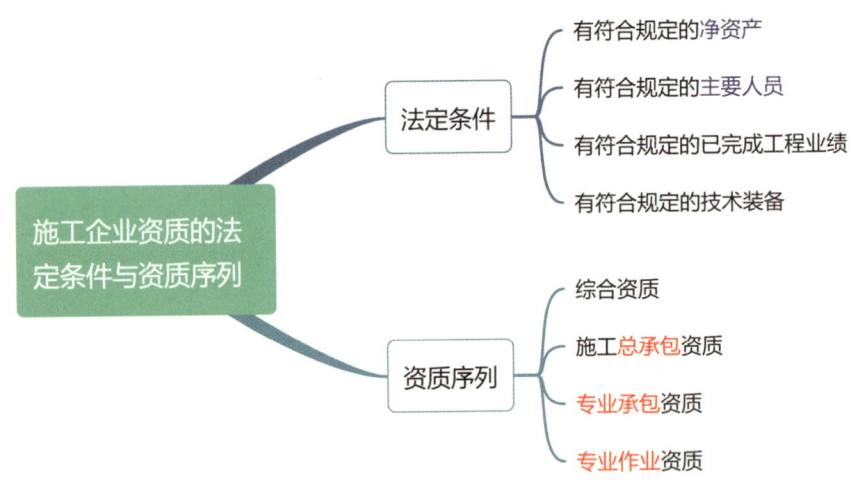

图 1Z302020-1　施工企业资质的法定条件与资质序列

 口诀助记　法定条件的助记：主要人员技术装备一流；净资产业绩足够。

直击考点　净资产是属于企业所有并可以自由支配的资产，即所有者权益。

2. 告知承诺制审批流程

图 1Z302020-2　告知承诺制审批流程

 本考点可能会出现 1 道单项选择题。

3. 施工企业资质的申请、延续与变更 [16、22 年单选，19 年多选]

施工企业资质的申请、延续与变更　　　　　　　　　表 1Z302020-1

项目	内容	
申请	（1）企业可以申请一项或多项建筑业企业资质。 （2）企业首次申请或增项申请资质，应当申请最低等级资质	
延续	有效期	5 年
	申请时限	有效期届满前 3 个月
	决定	资质许可机关应当在建筑业企业资质证书有效期届满前作出是否准予延续的决定；逾期未作出决定的，视为准予延续
变更	变更结果应当在资质证书变更后 15 日内，报国务院住房和城乡建设主管部门备案。 企业发生合并、分立、重组以及改制等事项，需要承继原建筑业企业资质的，应当申请重新核定建筑业企业资质等级	

 本考点的命题方式多为：关于 ×× 的说法，正确的是（　　　）。

4. 企业资质证书的增项和撤销 [17 年单选，15 年多选]

> 资质许可机关应当撤销建筑业企业资质的情形：
> ◆资质许可机关工作人员滥用职权、玩忽职守准予资质许可的；
> ◆超越法定职权准予资质许可的；
> ◆违反法定程序准予资质许可的；
> ◆对不符合资质标准条件的申请企业准予资质许可的；
> ◆依法可以撤销资质许可的其他情形。

 （1）撤销和注销企业资质证书的不同情形通常互为干扰选项，要能熟练区分。
（2）企业申请建筑业企业资质升级、资质增项的，在申请之日起前 1 年至资质许可决定作出前，资质许可机关不予批准其建筑业企业资质升级申请和增项申请的情形有 12 类。

5. 外商投资建筑业企业的规定 [22年多选]

外商投资建筑业企业的规定　　　　　　　　表 1Z302020-2

项目	内容
准入	有关主管部门应当按照与内资一致的条件和程序，审核外国投资者的许可申请
组织形式、组织机构及其活动准则	适用《中华人民共和国公司法》《中华人民共和国合伙企业法》等法律的规定
依法经营	外国投资者并购中国境内企业或者以其他方式参与经营者集中的，应当接受经营者集中审查
信息报告	外国投资者或者外商投资企业应当通过企业登记系统以及企业信用信息公示系统向商务主管部门报送投资信息

【考点2】禁止无资质、越级、以他企业或他企业以本企业名义承揽工程的规定（☆☆☆☆）[13、14、15、21年单选]

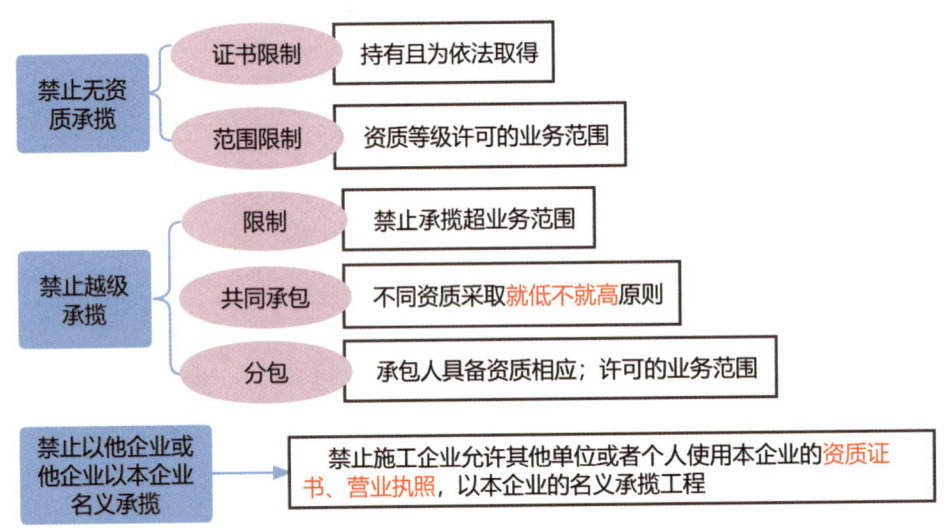

图 1Z302020-3　禁止无资质、越级、以他企业或他企业以本企业名义承揽工程的规定

（1）实际施工人以转包人、违法分包人为被告起诉的，人民法院应当依法受理。

（2）实际施工人以发包人为被告主张权利的，人民法院应当追加转包人或者违法分包人为本案第三人，在查明发包人欠付转包人或者违法分包人建设工程价款的数额后，判决发包人在欠付建设工程价款范围内对实际施工人承担责任。

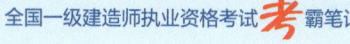

1Z302030 建造师注册执业制度

【考点1】一级建造师的注册（ ☆☆☆☆☆ ）

1. 初始注册和延续注册 [13、14年单选]

初始注册和延续注册   表 1Z302030-1

项目		内容
初始注册	提出时间	资格证书签发之日起 3 年内
	应当具备的条件	（1）经考核认定或考试合格取得资格证书。 （2）受聘于一个相关单位。 （3）达到继续教育要求。 （4）没有不予注册的情形
	有效期	3 年
延续注册	提出时间	期满前 30 日

2. 不予注册的情形 [19、21年单选，15年多选]

◆不具有完全民事行为能力的。
◆多单位注册（含两个）。
◆未达到继续教育要求的。
◆刑事处罚尚未执行完毕的。
◆因执业受刑事处罚，执行完毕之日起不满 5 年的。
◆因前项规定以外的原因受到刑事处罚，自处罚决定之日起不满 3 年的。
◆被吊销注册证书，自处罚决定之日起不满 2 年的。
◆申请注册之日前 3 年内担任项目经理期间，所负责项目发生过重大质量和安全事故的。
◆聘用单位不符合注册单位要求的。
◆超过 65 周岁的。

【考点2】建造师的受聘单位和执业岗位范围（ ☆☆☆☆☆ ）

1. 一级建造师的受聘单位 [18、20年单选]

◆建造师可以受聘在施工单位从事施工活动的管理工作，也可以在勘察、设计、监理、招标代理、造价咨询等单位或具有多项上述资质的单位执业。如果担任施工单位的项目负责人即项目经理，其所受聘的单位必须具有相应的施工企业资质，而不能是仅具有勘察、设计、监理等资质的其他企业。

2.一级建造师的执业岗位范围 [14、16、17、18、22年单选]

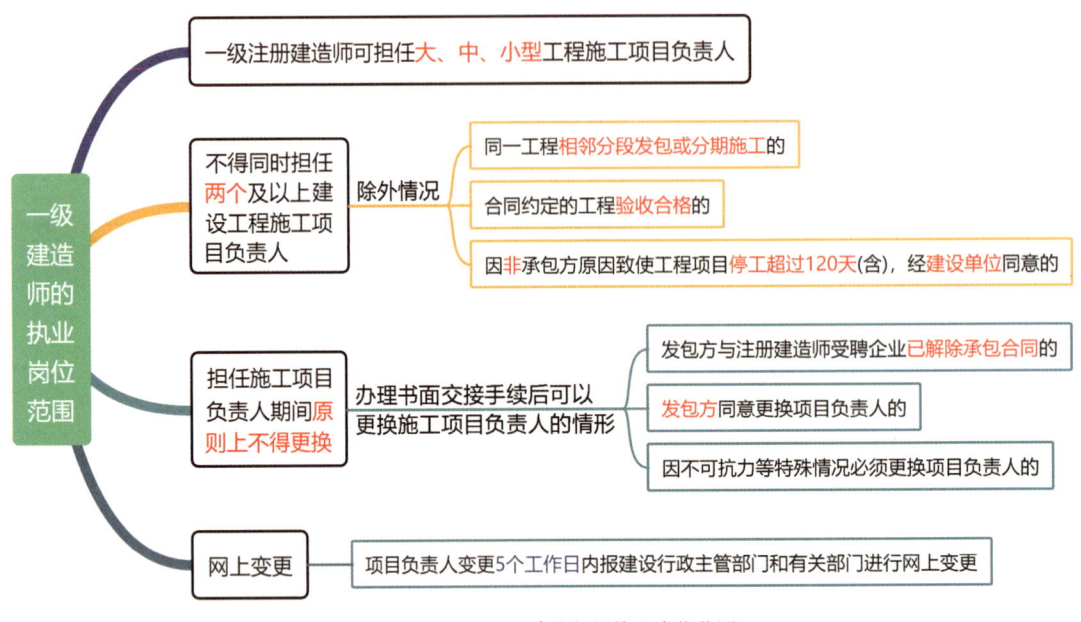

图 1Z302030-1 一级建造师的执业岗位范围

 本考点的命题方式主要有以下几种：

（1）根据有关规定，关于××的说法，正确的是（　　　）。

（2）注册建造师担任施工项目负责人，在其承建的工程项目竣工验收手续办结前，可以变更注册至另一个企业的情形是（　　　）。

（3）注册建造师不得同时担任两个及以上建设工程施工项目负责人的除外情形有（　　　）。

【考点3】建造师的基本权利和义务（☆☆☆☆）

1.建造师的基本权利和义务 [19、22年单选，13年多选]

建造师的基本权利和义务 表 1Z302030-2

基本权利	不得有的行为
（1）使用注册建造师名称。 （2）在规定范围内从事执业活动。 （3）在本人执业活动中形成的文件上签字并加盖执业印章。 （4）保管和使用本人注册证书、执业印章。 （5）对本人执业活动进行解释和辩护。 （6）接受继续教育。 （7）获得相应的劳动报酬。 （8）对侵犯本人权利的行为进行申述	（1）不履行注册建造师义务。 （2）索贿、受贿或者谋取合同约定费用外的其他利益。 （3）实施商业贿赂。 （4）签署有虚假记载等不合格的文件。 （5）允许他人以自己的名义从事执业活动。 （6）同时在两个或者两个以上单位受聘或者执业。 （7）涂改、倒卖、出租、出借、复制或以其他形式非法转让资格证书、注册证书和执业印章。 （8）超出执业范围和聘用单位业务范围内从事执业活动

**直击考点** **施工单位**签署质量合格的文件上，必须有注册建造师的签字盖章。
修改注册建造师签字并加盖执业印章的工程施工管理文件，应当征得**所在企业**同意后，由注册建造师**本人**进行修改；注册建造师本人不能进行修改的，应当由企业指定**同等资格条件**的注册建造师修改，由其签字并加盖执业印。

2. 挂证行为的认定 [20、21 年单选，20 年多选]

> ◆严肃查处持证人注册单位与实际工作单位不符、买卖租借（专业）资格（注册）证书等"挂证"违法违规行为，以及提供虚假就业信息、以职业介绍为名提供"挂证"信息服务等违法违规行为。
> ◆对实际工作单位与注册单位一致，但社会保险缴纳单位与注册单位不一致的人员，以下6类情形，原则上不认定为"挂证"行为：
> （1）达到法定退休年龄正式**退休**和依法提前退休的；
> （2）因事业单位改制等原因保留事业单位身份，实际工作单位为所在事业单位下属企业，社会保险由该事业单位缴纳的；
> （3）属于**大专院校**所属勘察设计、工程监理、工程造价单位聘请的**本校在职教师或科研人员**，社会保险由所在**院校缴纳**的；
> （4）属于军队自主择业人员的；
> （5）因**企业改制、征地拆迁**等买断社会保险的；
> （6）有法律法规、国家政策依据的其他情形。

**直击考点** 本考点的命题方式主要为：
（1）下列关于"挂证"的说法，正确的有（　　　）。
（2）应当认定为"挂证"的是（　　　）。

【考点4】建造师及建造师工作中违法行为应承担的主要法律责任（☆☆☆） [13、17 年单选]

建造师及建造师工作中违法行为应承担的主要法律责任　　　　表 1Z302030-3

违法行为		法律责任
聘用单位为申请人提供虚假注册材料		由县级以上地方人民政府住房城乡建设主管部门或者其他有关部门给予**警告，责令限期改正**；逾期未改正的，可处以 1 万元以上 3 万元以下的罚款
弄虚作假等手段取得《注册建造师继续教育证书》		立即取消其继续教育记录，并记入不良信用记录，对社会公布
注册执业人员因过错造成质量事故	一般事故	注册建筑师、注册结构工程师、监理工程师等注册执业人员因过错造成质量事故的，责令停止执业 1 年
	重大事故	吊销执业资格证书，5 年以内不予注册
	情节特别恶劣	终身不予注册

**直击考点** 本考点命题方式举例如下：
（1）采取弄虚作假等手段取得《注册建造师继续教育证书》的，一经发现，立即（　　　）。
（2）下列情形中，注册建造师将被处以吊销执业资格证书，5 年内不予注册处罚的是（　　　）。

1Z303000 建设工程发承包法律制度

1Z303010 建设工程招标投标制度

【考点1】建设工程法定招标的范围、招标方式和交易场所（☆☆☆）

1. 建设工程必须招标的项目 [22 年单选，20 年多选]

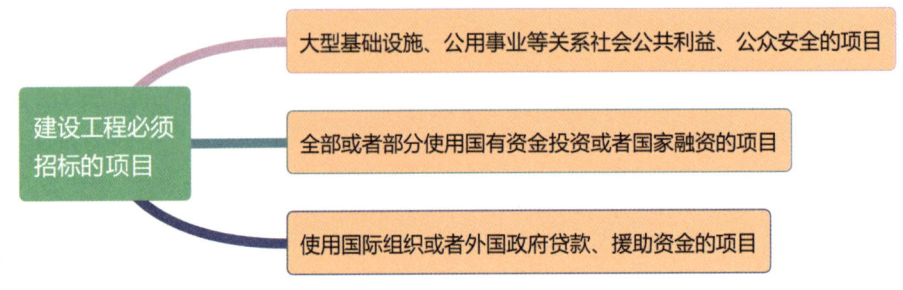

图 1Z303010-1 建设工程必须招标的项目

 **直击考点** 工程建设项目是指工程以及与工程建设有关的货物、服务。

2. 必须招标的规模标准 [15 年单选]

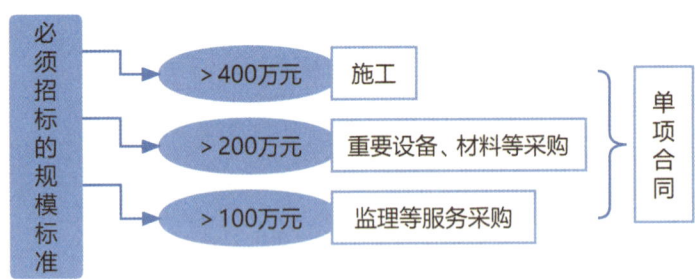

图 1Z303010-2 必须招标的规模标准

口助诀记 施工 400、货采 200、服采 100（三个数字的关系是：一半又一半）。

**直击考点** 同一项目中可以合并进行的勘察、设计、施工、监理以及与工程建设有关的重要设备、材料等的采购，合同估算价合计达到上述规定标准的，必须招标。

3. 可以不进行招标的建设工程项目 [15 年单选]

◆ 需要采用不可替代的专利或者专有技术。
◆ 采购人依法能够自行建设、生产或者提供。
◆ 已通过招标方式选定的特许经营项目投资人依法能够自行建设、生产或者提供。
◆ 需要向原中标人采购工程、货物或者服务，否则将影响施工或者功能配套要求。
◆ 国家规定的其他特殊情形。

4. 公开招标和邀请招标 [20、22 年多选]

公开招标和邀请招标   表 1Z303010-1

分类	方式	对象	要求	批准机关	适用
公开招标	招标公告	不特定	国家指定的报刊、信息网络发布		国有资金占控股/主导地位
邀请招标	投标邀请书	特定	邀请 3 个以上	（1）国务院发展计划部门。（2）省、自治区、直辖市人民政府	（1）特殊条件限制（技术、自然环境），少量潜在投标人。（2）公开招标的费用比例过大

【考点 2】招标基本程序和禁止肢解发包、限制排斥投标人的规定（☆☆☆☆☆）

1. 招标基本程序

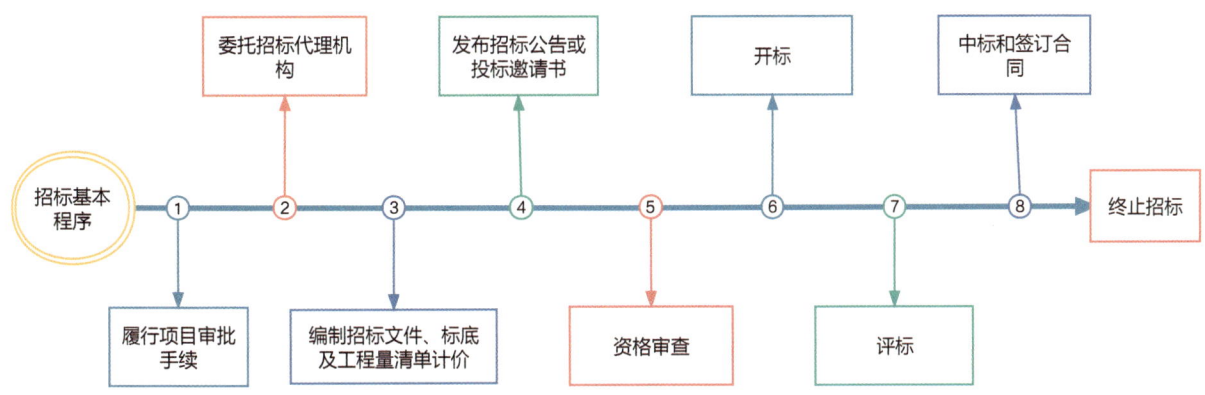

图 1Z303010-3　招标基本程序

2. 编制招标文件、标底及工程量清单计价 [16、18、20、21 年单选]

编制招标文件、标底及工程量清单计价　　　　　　　　表 1Z303010-2

项目	内容
招标文件内容	招标文件应当包括招标项目的技术要求、对投标人资格审查的标准、投标报价要求和评标标准等所有实质性要求和条件以及拟签订合同的主要条款

项目		内容
澄清	时间	提交投标文件截止时间至少 15 日前
	形式	书面
	对象	所有招标文件收受人
	性质	该澄清或者修改的内容为招标文件的组成部分

项目	内容
合理时间	自招标文件开始发出之日起至投标人提交投标文件截止之日止，最短不得少于 20 日
投标有效期	从提交投标文件的截止之日起算
异议	（1）应当在投标截止时间 10 日前提出。 （2）招标人应当自收到异议之日起 3 日内作出答复；作出答复前，应当暂停招标投标活动
标底	（1）招标人自行决定是否编制标底。 （2）一个标底。 （3）保密
投标限价	（1）招标人设有最高投标限价的，应当在招标文件中明确最高投标限价或者最高投标限价的计算方法。 （2）招标人不得规定最低投标限价

 **直击考点** 全部使用国有资金投资或者以国有资金投资为主的建筑工程，应当采用工程量清单计价；非国有资金投资的建筑工程，鼓励采用工程量清单计价。工程量清单应当作为招标文件的组成部分。

3. 资格审查 [18 年多选]

◆招标人采用资格预审办法对潜在投标人进行资格审查的，应当发布资格预审公告、编制资格预审文件。
◆国有资金占控股或者主导地位的依法必须进行招标的项目，招标人应当组建资格审查委员会审查资格预审申请文件。
◆依法必须进行招标的项目提交资格预审申请文件的时间，自资格预审文件停止发售之日起不得少于 5 日。
◆潜在投标人或者其他利害关系人对资格预审文件有异议的，应当在提交资格预审申请文件截止时间 2 日前提出。
◆招标人应当自收到异议之日起 3 日内作出答复；作出答复前，应当暂停招标投标活动。

4. 开标 [14、19、20 年单选]

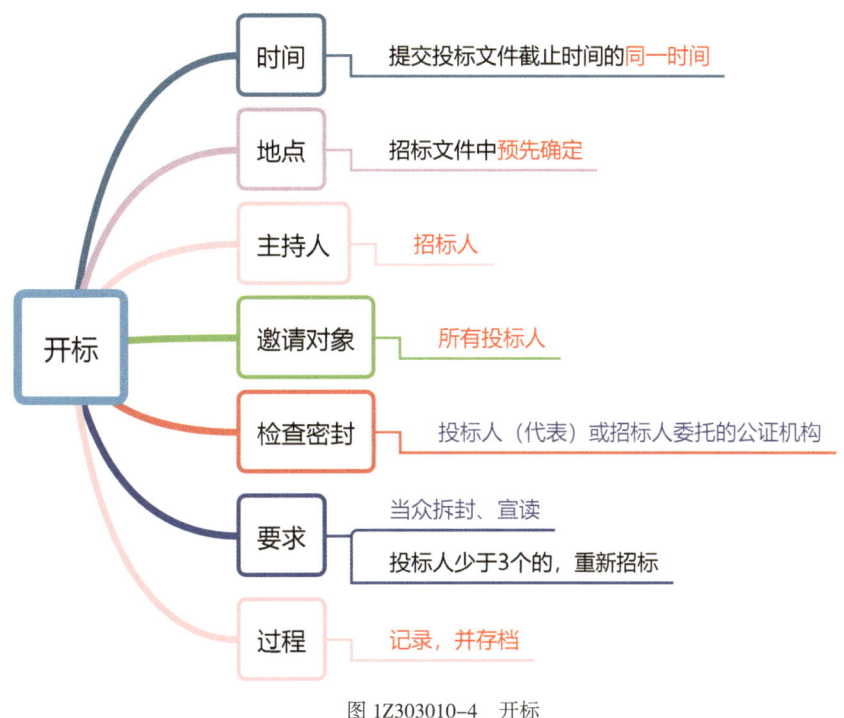

图 1Z303010-4　开标

5. 评标 [14、15、16、17、22 年单选，15 年多选]

评标　　　　　　　　　　　　　　　　　　　　　　　表 1Z303010-3

项目		内容
评标委员会	组建	招标人
	要求	名单在中标结果确定前保密；应保证评标在严格保密的情况下进行
	组成	招标人代表和技术、经济等专家
	人数	≥ 5 人单数。专家 ≥ 2/3 成员总数
	澄清或者说明	要求投标人对投标文件中含义不明确的内容作必要的澄清或者说明
	参考标底	按照招标文件确定的评标标准和方法，对投标文件进行评审和比较；设有标底的，应当参考标底
	报告	应当向招标人提出书面评标报告，并推荐合格的中标候选人
否决投标		（1）投标文件未经投标单位盖章和单位负责人签字。 （2）联合体没有提交共同投标协议。 （3）不符合资格条件。 （4）一人投多标（备选标除外）。 （5）投标报价低于成本或者高于招标文件设定的最高投标限价。 （6）没有对招标文件的实质性要求和条件作出响应。 （7）投标人有串通投标、弄虚作假、行贿等违法行为

项目	内容
评标委员会成员的禁止性规定	（1）不得私下接触投标人。 （2）不得收受投标人给予的财物或者其他好处。 （3）不得向招标人征询确定中标人的意向。 （4）不得接受任何单位或者个人明示或者暗示提出的倾向或者排斥特定投标人的要求。 （5）评标委员会不得暗示或者诱导投标人作出澄清、说明，不得接受投标人主动提出的澄清、说明。 （6）不得以投标报价超过标底上下浮动范围作为否决投标的条件

 投标文件中有含义不明确的内容、明显文字或者计算错误，评标委员会认为需要投标人作出必要澄清、说明的，应当书面通知该投标人。中标候选人应当不超过 3 个。

6. 中标和签订合同 [13、18、19、22 年单选]

中标和签订合同　　　　　　　　　　　　　　　　表 1Z303010-4

项目	内容
中标	（1）招标人根据评标委员会提出的书面评标报告和推荐的中标候选人确定中标人。 （2）招标人也可以授权评标委员会直接确定中标人
签订合同	（1）中标通知书发出之日起 30 日内，订立书面合同。 （2）不得再行订立背离合同实质性内容的其他协议

 发包人将依法不属于必须招标的建设工程进行招标后，与承包人另行订立的建设工程施工合同背离中标合同的实质性内容，当事人请求以中标合同作为结算建设工程价款依据的，人民法院应予支持，但发包人与承包人因客观情况发生了在招标投标时难以预见的变化而另行订立建设工程施工合同的除外。

7. 以不合理条件限制、排斥潜在投标人或者投标人的情形 [17、19 年多选]

◆就同一招标项目向潜在投标人或者投标人提供有差别的项目信息。
◆设定的资格、技术、商务条件与招标项目的具体特点和实际需要不相适应或者与合同履行无关。
◆依法必须进行招标的项目以特定行政区域或者特定行业的业绩、奖项作为加分条件或者中标条件。
◆对潜在投标人或者投标人采取不同的资格审查或者评标标准。
◆限定或者指定特定的专利、商标、品牌、原产地或者供应商。
◆依法必须进行招标的项目非法限定潜在投标人或者投标人的所有制形式或者组织形式。
◆其他。

 （1）招标人不得组织单个或者部分潜在投标人踏勘项目现场。
（2）本考点的命题方式相对固定，如：招标人的下列行为中，属于以不合理条件限制、排斥潜在投标人或者投标人的有（　　）。

【考点3】投标人、投标文件的法定要求和投标保证金（☆☆☆☆☆）

1. 投标人 [21 年单选]

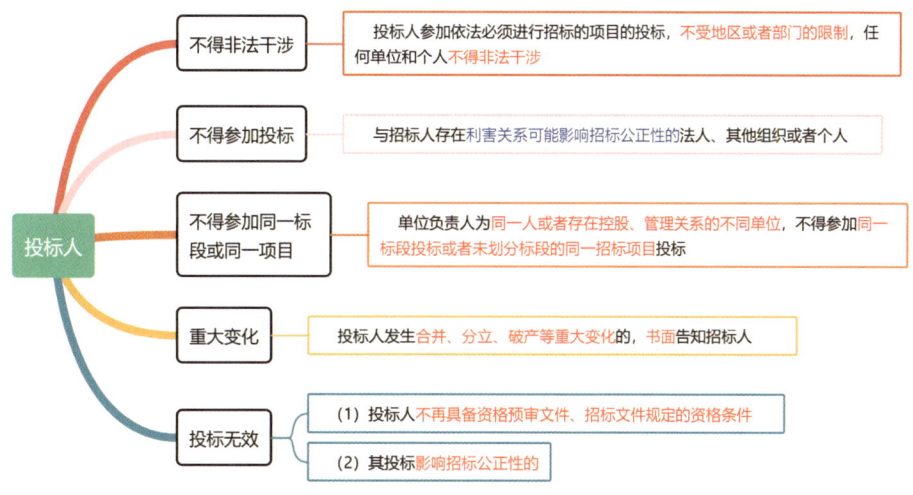

图 1Z303010-5　投标人

2. 投标文件 [13、19 年单选，21 年多选]

投标文件　　　　　　　　　　　　　　　　　　　　　表 1Z303010-5

项目	内容
修改与撤回	投标人在招标文件要求提交**投标文件的截止时间前**，可以补充、修改或者撤回已提交的投标文件，并**书面通知招标人**
送达	时限：提交投标文件的**截止时间**前
签收	签收后不得开启。 投标人 < 3，重新招标。 拒收： （1）**未通过资格预审的申请人提交的投标文件**； （2）**密封不合格**； （3）**逾期送达**

直击考点　本考点除投标文件的内容外，命题方式多为"关于 ×× 的说法，正确的是（　　　）"的形式进行考核。命题方式举例如下：

（1）关于投标文件的送达和接收的说法，正确的是（　　　）。

（2）关于投标文件的说法，正确的有（　　　）。

（3）根据《中华人民共和国招标投标法》，投标人补充、修改或者撤回已提交的投标文件，并书面通知招标人的时间期限应在（　　　）。

3. 投标保证金 [14、15、16、22 年单选，19、20 年多选]

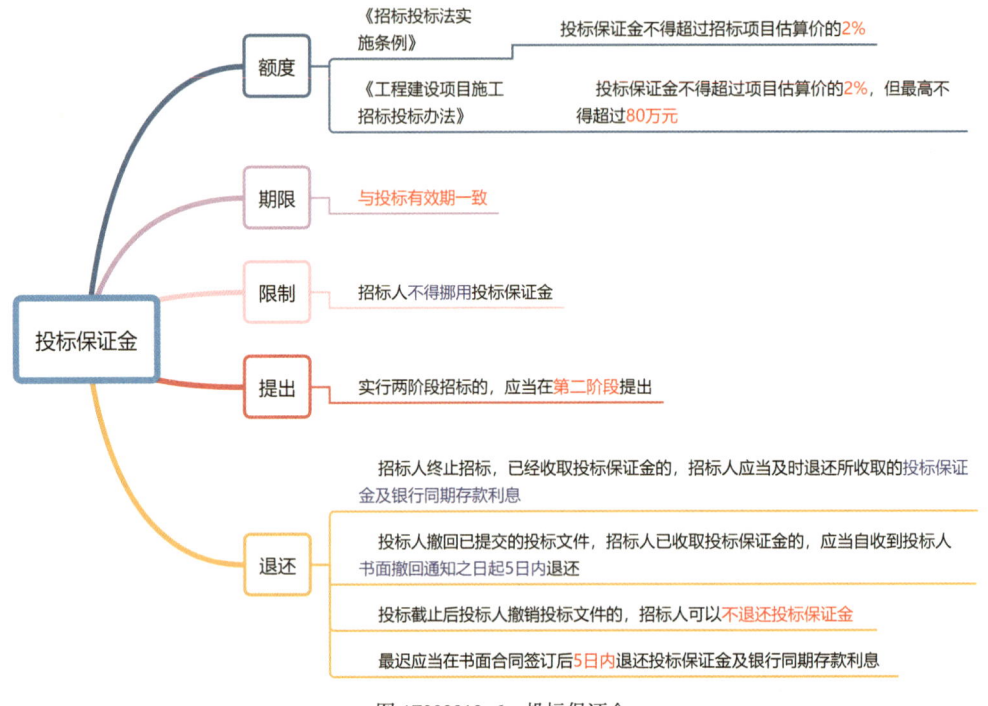

图 1Z303010-6　投标保证金

（1）对建筑业企业在工程建设中需缴纳的保证金，除依法依规设立的**投标保证金、履约保证金、工程质量保证金、农民工工资保证金**外，其他保证金一律取消。

（2）最常见的命题方式为：关于投标保证金的说法，正确的是（　　　）。

（3）对数值的命题形式为：工程施工招标项目估算价为 5000 万元，其投标保证金不得超过（　　　）万元。

【考点 4】禁止串通投标和其他不正当竞争行为的规定（☆☆☆☆）

1. 禁止投标人相互串通投标 [17 年单选，14 年、22 多选]

禁止投标人相互串通投标
表 1Z303010-6

投标人相互串通	视为投标人相互串通
（1）投标人之间协商投标报价等投标文件的实质性内容。 （2）投标人之间约定中标人。 （3）投标人之间约定部分投标人放弃投标或者中标。 （4）属于同一集团、协会、商会等组织成员的投标人按照该组织要求协同投标。 （5）投标人之间为谋取中标或者排斥特定投标人而采取的其他联合行动	（1）不同投标人的投标文件由同一单位或者个人编制。 （2）不同投标人委托同一单位或者个人办理投标事宜。 （3）不同投标人的投标文件载明的项目管理成员为同一人。 （4）不同投标人的投标文件异常一致或者投标报价呈规律性差异。 （5）不同投标人的投标文件相互混装。 （6）不同投标人的投标保证金从同一单位或者个人的账户转出

2. 招标人与投标人串通投标的情形 [21 年多选]

- ◆招标人在开标前开启投标文件并将有关信息泄露给其他投标人。
- ◆招标人直接或者间接向投标人泄露标底、评标委员会成员等信息。
- ◆招标人明示或者暗示投标人压低或者抬高投标报价。
- ◆招标人授意投标人撤换、修改投标文件。
- ◆招标人明示或者暗示投标人为特定投标人中标提供方便。
- ◆招标人与投标人为谋求特定投标人中标而采取的其他串通行为。

3. 投标人弄虚作假骗取中标的行为 [17 年多选]

- ◆使用伪造、变造的许可证件。
- ◆提供虚假的财务状况或者业绩。
- ◆提供虚假的项目负责人或者主要技术人员简历、劳动关系证明。
- ◆提供虚假的信用状况。
- ◆其他弄虚作假的行为。

【考点 5】联合体投标的规定（☆☆☆☆）[13、17、21、22 年单选]

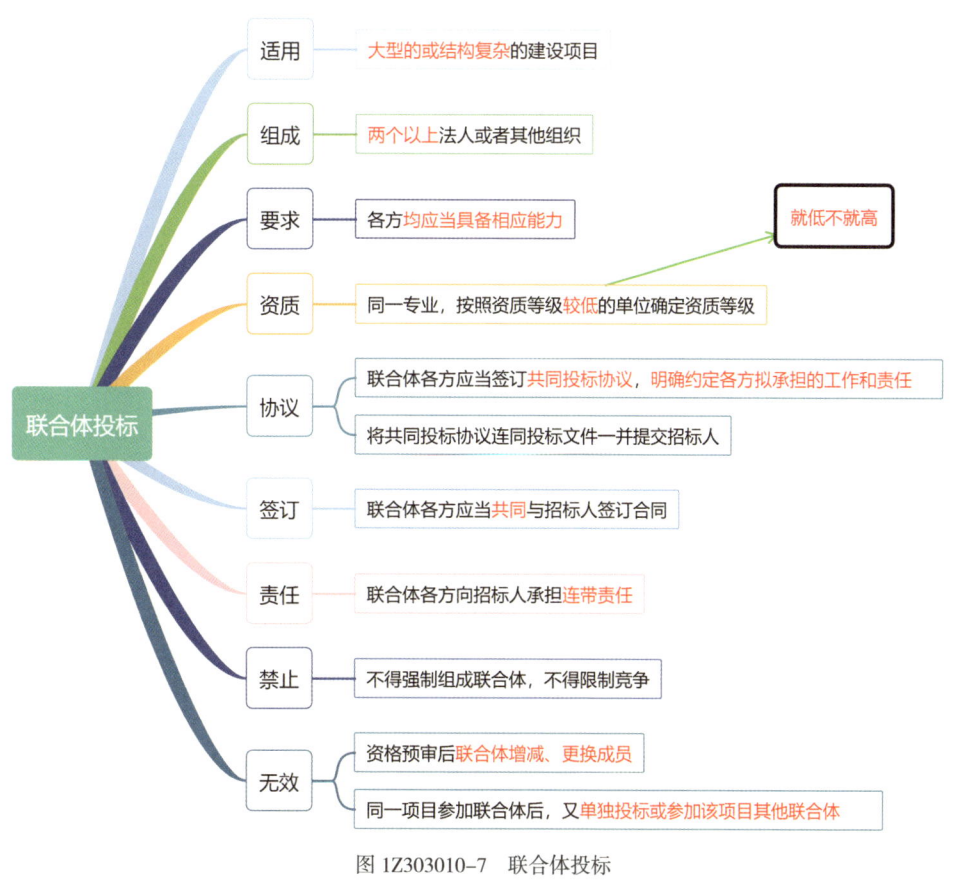

图 1Z303010-7　联合体投标

【考点6】中标的法定要求和招标投标投诉处理（☆☆☆☆）

1. 公示中标候选人 [2020年单选]

公示中标候选人   表 1Z303010-7

项目	内容
公示期	＞3日
异议时限	中标候选人公示期间
答复时限	收到异议3日内；作出答复前，应当暂停招标投标活动

2. 确定中标人 [13、14、17、22年单选]

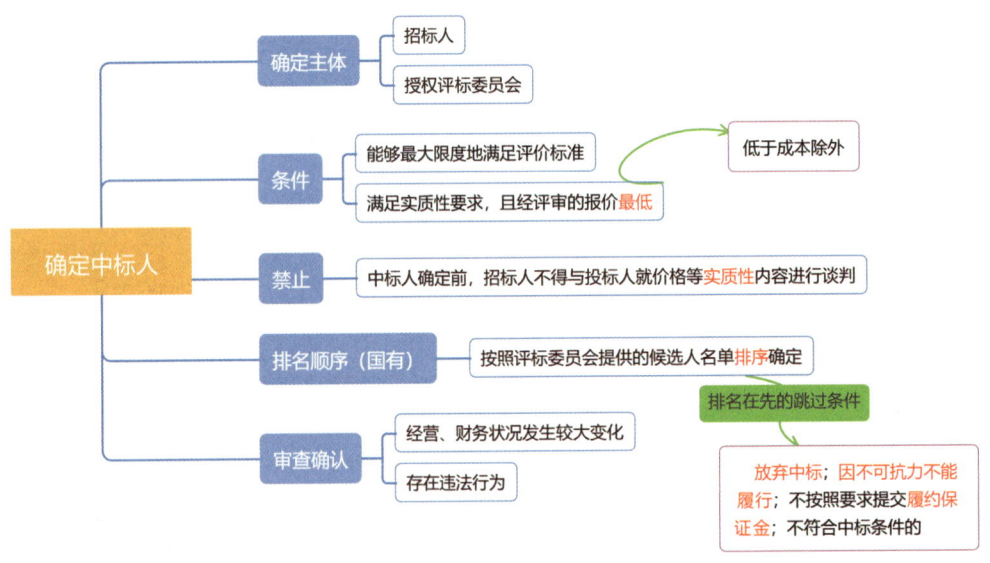

图 1Z303010-8　公示中标候选人

 公示中标候选人的条件：最满足实质性；报价低有原则。

3. 招标投标投诉与处理 [22年多选]

招标投标投诉与处理   表 1Z303010-8

项目	内容
投诉	可以自知道或者应当知道之日起10日内投诉
投诉处理	（1）就同一事项向两个以上有权受理的行政监督部门投诉的，由最先收到投诉的行政监督部门负责处理。 （2）行政监督部门应当自收到投诉之日起3个工作日内决定是否受理投诉，并自受理投诉之日起30个工作日内作出书面处理决定。 （3）必要时，行政监督部门可以责令暂停招标投标活动

 关于投诉处理需要检验、检测、鉴定、专家评审的，所需时间不计算在内。

1Z303020 建设工程承包制度

【考点1】建设工程总承包的规定（☆☆☆）

1. 工程总承包项目的发包和承包 [22年单选]

◆工程总承包单位不得是工程总承包项目的代建单位、项目管理单位、监理单位、造价咨询单位、招标代理单位。

◆政府投资项目招标人公开已经完成的项目建议书、可行性研究报告、初步设计文件的，相关单位可以参与该工程总承包项目的投标，经依法评标、定标，成为工程总承包单位。

◆鼓励设计单位申请取得施工资质，已取得工程设计综合资质、行业甲级资质、建筑工程专业甲级资质的单位，可以直接申请相应类别施工总承包一级资质。

2. 工程总承包企业的责任 [13、21年单选]

◆《建筑法》规定，建筑工程总承包单位按照总承包合同的约定对建设单位负责；分包单位按照分包合同的约定对总承包单位负责。总承包单位和分包单位就分包工程对建设单位承担连带责任。

◆工程总承包单位、工程总承包项目经理依法承担质量终身责任。

【考点2】建设工程共同承包的规定（☆☆☆）[14、15年单选]

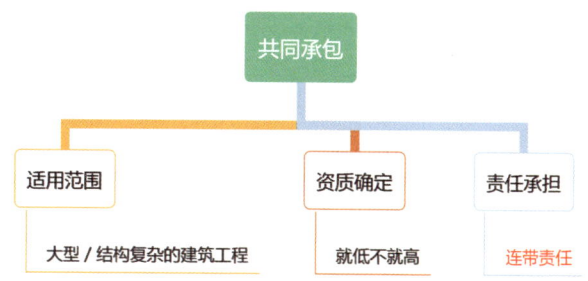

图 1Z303020-1　建设工程共同承包的规定

【考点3】建设工程分包的规定（☆☆☆☆☆）

1. 分包工程的范围与分包单位的认可 [16、19年单选，13、16年多选]

分包工程的范围与分包单位的认可　　　　　　　　　　　　　　表 1Z303020-1

项目	内容
分包工程的范围	（1）将承包工程中的部分（非主体、非关键）发包给具有相应资质条件的分包单位。 （2）禁止全部建筑工程转包，禁止全部建筑工程肢解以后分别转包。 （3）施工总承包的，建筑工程主体结构的施工必须由总承包单位自行完成

项目	内容
分包单位的条件	（1）建筑工程总承包单位可以将承包工程中的部分工程发包给具有相应资质条件的分包单位；但是，除总承包合同中约定的分包外，必须经建设单位认可。 （2）严禁个人承揽分包工程业务
分包单位的认可方式	（1）在总承包合同中规定分包的内容。 （2）在总承包合同中没有规定分包内容的，应当事先征得建设单位的同意

2. 分包单位不得再分包 [14、19、21年单选]

◆禁止分包单位将其承包的工程再分包。
◆除专业承包企业可以将其承包工程中的劳务作业发包给劳务分包企业外，专业分包工程承包人和劳务作业承包人都必须自行完成所承包的任务。

3. 违法分包、转包和挂靠行为的界定 [13、18、20、22年单选，15年多选]

违法分包，是指下列行为：
◆总承包单位将建设工程分包给不具备相应资质条件的单位的。
◆建设工程总承包合同中未有约定，又未经建设单位认可，承包单位将其承包的部分建设工程交由其他单位完成的。
◆施工总承包单位将建设工程主体结构的施工分包给其他单位的。
◆分包单位将其承包的建设工程再分包的。

 违法分包、转包和挂靠行为的界定记忆难度较大，考生可结合图1Z303020-2理解掌握。

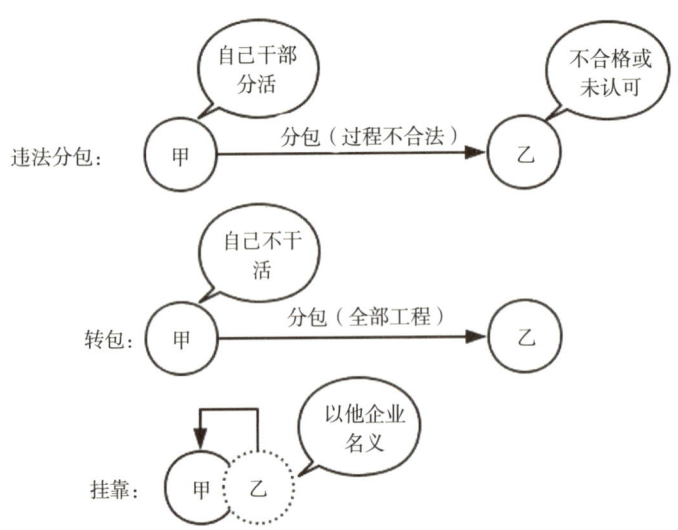

图 1Z303020-2　违法分包、转包和挂靠行为的界定

4. 分包单位的责任 [14、15、19年单选]

◆建筑工程总承包单位按照总承包合同的约定对建设单位负责；分包单位按照分包合同的约定对总承包单位负责。总承包单位和分包单位就分包工程对建设单位承担<u>连带责任</u>。
◆连带责任分为<u>法定连带责任</u>和<u>约定连带责任</u>。

1Z303030　建筑市场信用体系建设

【考点1】施工单位不良行为记录的认定标准（☆☆☆☆☆）
［15、17、18、19、20、21、22年单选，13、15年多选］

施工单位不良行为记录的认定标准　　　　　　　　表 1Z303030-1

项目	内容
资质不良行为	（1）无资质或越级承揽。 （2）骗取资质承揽。 （3）以己名义外借他人承揽。 （4）资质变更手续违规。 （5）涂改、伪造、出借、转让《建筑业企业资质证书》的。 （6）特殊工种未持证上岗
承揽业务不良行为	（1）行贿等手段承揽业务。 （2）串通投标意在行贿中标。 （3）借他人名义为己用。 （4）不按合同履行义务。 （5）转包或违法分包的
工程质量不良行为	（1）偷工减料或不按图纸和标准施工。 （2）未按节能设计施工。 （3）未对建筑材料检测，或涉及安全的未取样检测。 （4）不出具质量保修书的，或质量保修违规。 （5）不履行保修义务（或拖延）
工程安全不良行为认定标准	此处记忆量较大，我们可以根据实际经验及排除法即可作出正确选择（是否有安全隐患）
拖欠工程款或工人工资不良行为	恶意拖欠或克扣工资的

情节严重

【考点 2】建筑市场诚信行为的公布和奖惩机制（☆☆☆☆☆）

1. 建筑市场诚信行为的公布 [13、14、16、17、19、21 年单选，15 年多选]

建筑市场诚信行为的公布   表 1Z303030-2

项目		内容
公布时限	不良	6 个月至 3 年
	优良	通常 3 年
	缩短后	≥ 3 个月
	延长	对于拒不整改或整改不力的单位，信息发布部门可延长其不良行为记录信息公布期限
公布的范围		不良行为记录在当地发布外，亦在全国公布，期限同地方
公告的变更	更正主体	发布该信息的省、自治区和直辖市建设行政主管部门
	申请	被公告的当事人对公告内容有异议的，可向公告部门提出书面更正申请
	核对	公告部门接到书面申请后，应在 5 个工作日内进行核对
	执行	行政决定在被复议或诉讼期间，违法记录的公告不停止（行政处理决定被依法停止执行的除外）。 原行政处理决定被依法变更或撤销的，公告部门及时作出响应并予以声明

2. 建筑市场诚信行为的奖惩机制 [16、22 年单选]

◆县级以上住房和城乡建设主管部门按照"谁处罚，谁列入"的原则，将存在哪 4 种情形的建筑市场各方主体，列入建筑市场主体"黑名单"？
◆企业未按照《建筑业企业资质管理规定》要求提供企业信用档案信息的，由县级以上地方人民政府住房和城乡建设主管部门或者其他有关部门给予警告，责令限期改正；逾期未改正的，可处以 1000 元以上 1 万元以下的罚款。

1Z304000 建设工程合同和劳动合同法律制度

1Z304010 建设工程合同制度

【考点1】合同的分类（☆☆☆）[14、16、21年单选]

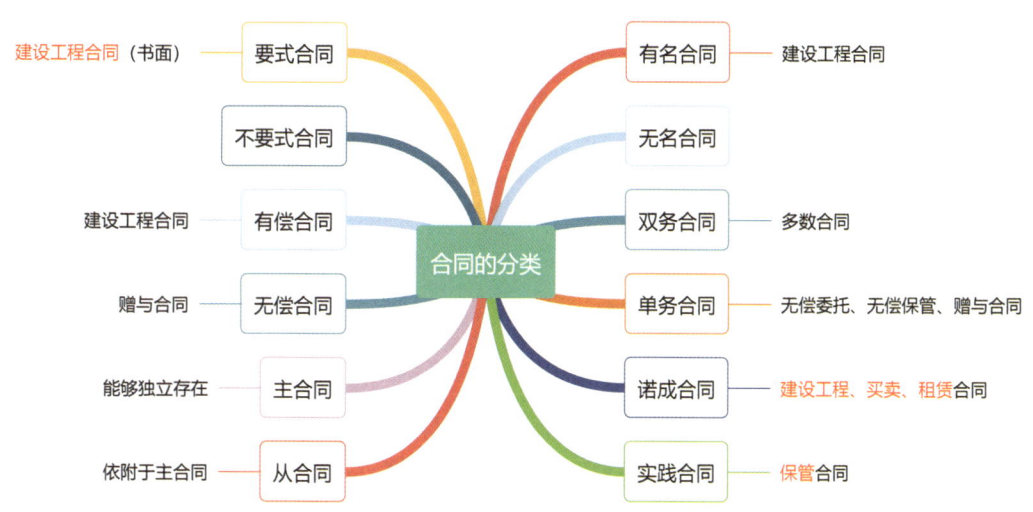

图 1Z304010-1　合同的分类

【考点2】合同的要约与承诺（☆☆☆☆）

1. 要约 [17、21、22年单选，14年多选]

要约　　　　　　　　　　　　　　　　　　　　　　　　　表 1Z304010-1

项目	内容
构成要件	（1）内容具体确定。 （2）表明经受要约人承诺，要约人即受该意思表示约束
生效	对话方式：相对人知道其内容时生效
	非对话方式：到达相对人时生效

项目	内容
撤回	要约可以撤回，撤回意思表示的通知应当在意思表示到达相对人前或者与意思表示同时到达相对人
不得撤销的情形	（1）要约人以确定承诺期限或者其他形式明示要约不可撤销。 （2）受要约人有理由认为要约是不可撤销的，并已经为履行合同作了合理准备工作

（1）合同的成立一般经过要约和承诺两个阶段。

（2）关于要约的考点，常以小案例的形式进行综合性的考核，命题方式举例如下：

3月1日，甲施工企业向乙钢材供应商发出钢材采购单，承诺期限为3月5日前。3月1日，乙收到甲的采购单。3月2日，乙收到甲取消本次采购的函。3月4日，乙发函至甲表示同意履行3月1日的采购单。关于甲、乙双方合同订立的说法，正确的是（　　）。

A. 甲3月2日的行为属于要约邀请　　　B. 甲乙之间买卖合同成立

C. 乙3月4日的行为属于新要约　　　　D. 甲的要约已经撤销

2. 承诺 [15、20年单选]

承诺　　　　　　　　　　　　　　　　　表 1Z304010-2

项目	内容
概念	受要约人同意要约的意思表示
方式	通知方式作出
生效	到达要约人时
内容	应与要约内容一致，如作出实质性变更的，为新要约

【考点3】建设工程施工合同发承包双方的主要义务（☆☆☆）

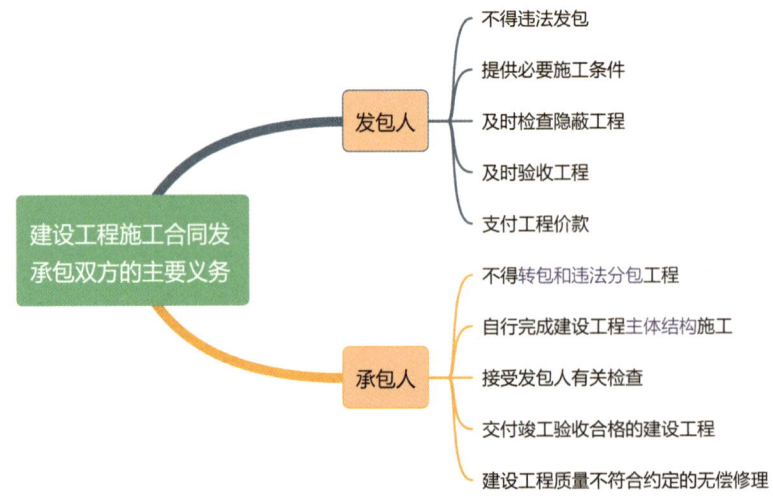

图 1Z304010-2　建设工程施工合同发承包双方的主要义务

【考点4】建设工程工期和支付价款的规定（☆☆☆☆☆）

1. 建设工程开工日期 [21年多选]

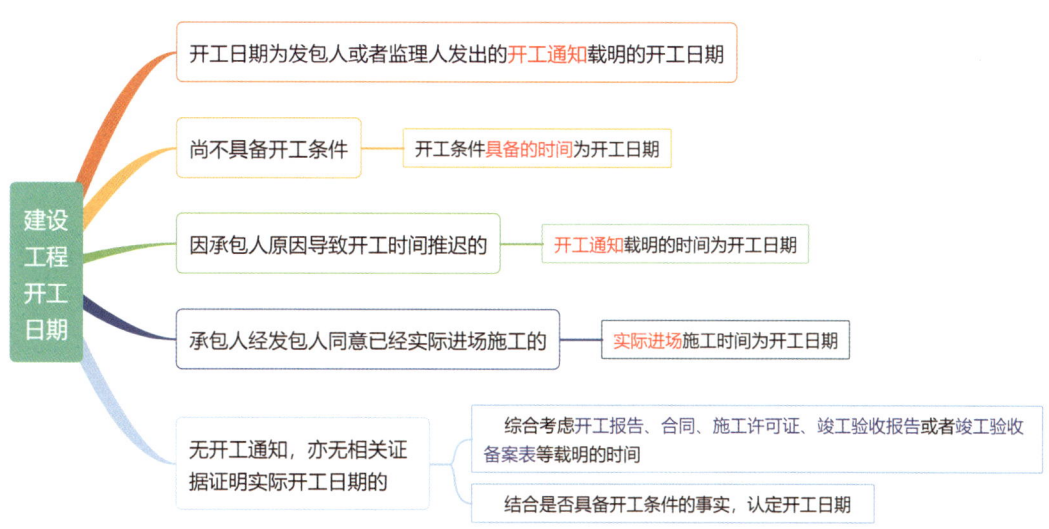

图 1Z304010-3　建设工程开工日期

2. 竣工日期 [14、19年单选，18年多选]

竣工日期　　　　　　　　　　　　　　　　　　表 1Z304010-3

情形	竣工日期的确定
经竣工验收合格的	竣工验收合格之日为竣工日期
承包人已经提交竣工验收报告，发包人拖延验收的	承包人提交验收报告之日为竣工日期
未经竣工验收，发包人擅自使用的	转移占有建设工程之日为竣工日期

3. 解决工程价款结算争议的规定 [13、15、18、20、22年单选，21、22年多选]

解决工程价款结算争议的规定　　　　　　　　　　表 1Z304010-4

项目	内容		
视为发包人认可承包人的单方结算价	发包人收到竣工结算文件后，在约定期限内不予答复，视为认可竣工结算文件的，按照约定处理		
欠付工程款的利息支付	数额	约定	
	起算	应付工程价款之日。没有约定的应付款时间： （1）实际交付工程的——交付之日； （2）没有交付工程的——提交竣工结算文件之日； （3）工程未交付也未结算的——当事人起诉之日	

项目		内容
垫资处理	有约定	从约定（高于同期同类贷款利率的部分除外）
	无约定	按工程欠款处理（支付利息请求不被支持）
优先受偿权	应予支持	（1）建设工程质量合格，承包人请求其承建工程的价款就工程折价或者拍卖的价款优先受偿的。 （2）未竣工的建设工程质量合格，承包人请求其承建工程的价款就其承建工程部分折价或者拍卖的价款优先受偿的
	不予支持	承包人就逾期支付建设工程价款的利息、违约金、损害赔偿金等主张优先受偿的
	行使期限	承包人应当在合理期限内行使建设工程价款优先受偿权，但最长不得超过18个月
	起算	自发包人应当给付建设工程价款之日起算

（1）政府投资项目所需资金应当按照国家有关规定确保落实到位，不得由施工单位垫资建设。

（2）本考点的主要命题方式如下：

1）关于发包人收到竣工结算文件后，在约定期限内不予答复，视为认可竣工结算文件的说法，正确的是（　　）。

2）根据《最高人民法院关于审理建设工程施工合同纠纷案件适用法律问题的解释（一）》，当事人对付款时间没有约定或者约定不明的，下列时间视为应付款时间的是（　　）。

3）某施工合同约定，工程通过竣工验收后2个月内，结清所有工程款。2017年9月1日工程通过竣工验收，但直到2017年9月20日施工企业将工程移交建设单位，之后建设单位一直未支付工程余款。2018年5月1日，施工企业将建设单位起诉至人民法院，要求其支付工程欠款及利息。则利息起算日为（　　）。

4）某建筑公司与某开发公司签订了一份建设工程施工合同，合同约定由建筑公司预先垫付20%的工程款，但没有约定利息的计算方法。后两公司就工程款支付发生争议，建筑公司诉至人民法院，要求开发公司支付工程款并偿还垫付工程款的利息，人民法院应（　　）。

5）关于建设工程价款优先受偿权的说法，正确的是（　　）。

【考点5】建设工程赔偿损失的规定（☆☆☆）

1. 赔偿损失的特征及构成要件 [13年多选]

赔偿损失的特征及构成要件　　　　表 1Z304010-5

特征	构成要件
（1）是合同违约方违反合同义务所产生的责任形式。 （2）具有补偿性。 （3）具有一定的任意性。 （4）以赔偿非违约方实际遭受的全部损害为原则	（1）具有违约行为。 （2）造成损失后果。 （3）违约行为与财产等损失之间有因果关系。 （4）违约人有过错或法律规定应当赔偿

2. 赔偿损失的限制 [15、18年单选]

赔偿损失的限制

表 1Z304010-6

项目	内容
赔偿损失的可预见性原则	损失赔偿额应当相当于因违约所造成的损失，包括合同履行后可以获得的利益
采取措施防止损失的扩大	当事人一方违约后，对方应当采取适当措施防止损失的扩大；没有采取适当措施致使损失扩大的，不得就扩大的损失请求赔偿。当事人因防止损失扩大而支出的合理费用，由违约方承担

直击考点 本考点常以小案例的形式进行考核，命题方式如：某工程施工中某水泥厂为施工企业供应水泥，迟延交货一周，延迟交货导致施工企业每天损失 0.4 万元。第一天晚上施工企业为减少损失，采取紧急措施共花费 1 万元，使剩余六天共损失 0.7 万元。则水泥厂因违约应向施工企业赔偿的损失为（　　）。

A. 1.1 万元　　　　　　　　　B. 1.7 万元

C. 2.1 万元　　　　　　　　　D. 2.8 万元

3. 建设工程施工合同中的赔偿损失 [15年多选]

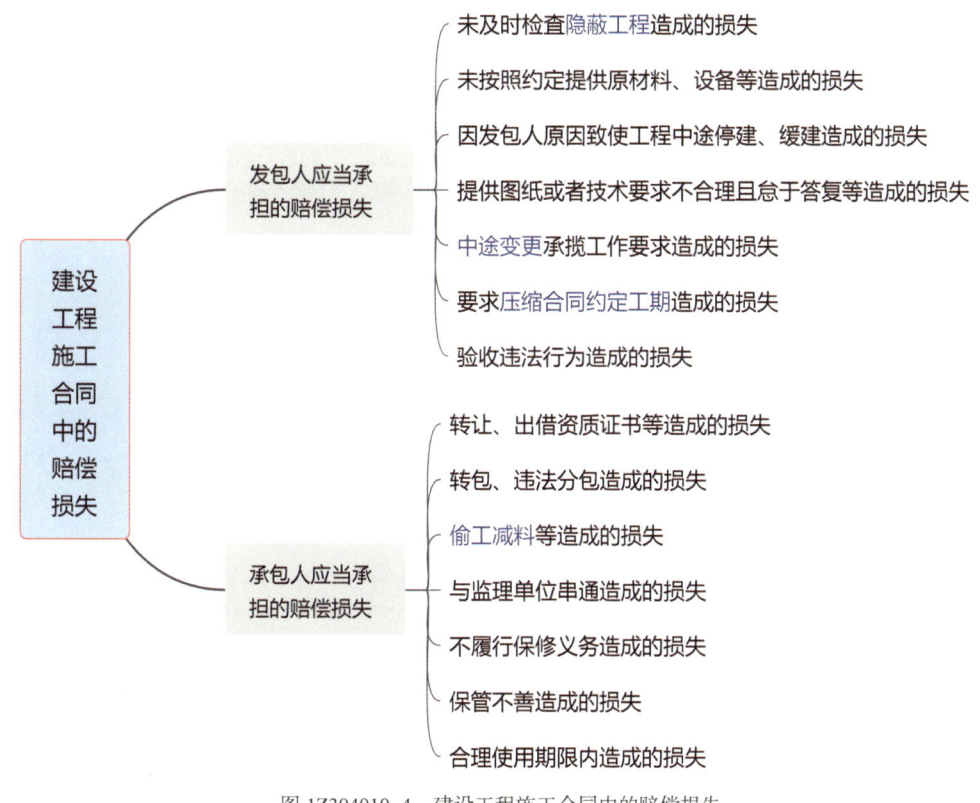

建设工程施工合同中的赔偿损失

- 建设工程施工合同中的赔偿损失
  - 发包人应当承担的赔偿损失
    - 未及时检查隐蔽工程造成的损失
    - 未按照约定提供原材料、设备等造成的损失
    - 因发包人原因致使工程中途停建、缓建造成的损失
    - 提供图纸或者技术要求不合理且怠于答复等造成的损失
    - 中途变更承揽工作要求造成的损失
    - 要求压缩合同约定工期造成的损失
    - 验收违法行为造成的损失
  - 承包人应当承担的赔偿损失
    - 转让、出借资质证书等造成的损失
    - 转包、违法分包造成的损失
    - 偷工减料等造成的损失
    - 与监理单位串通造成的损失
    - 不履行保修义务造成的损失
    - 保管不善造成的损失
    - 合理使用期限内造成的损失

图 1Z304010-4　建设工程施工合同中的赔偿损失

【考点6】无效合同和效力待定合同的规定（☆☆☆）

1. 无效合同 [20、22年单选]

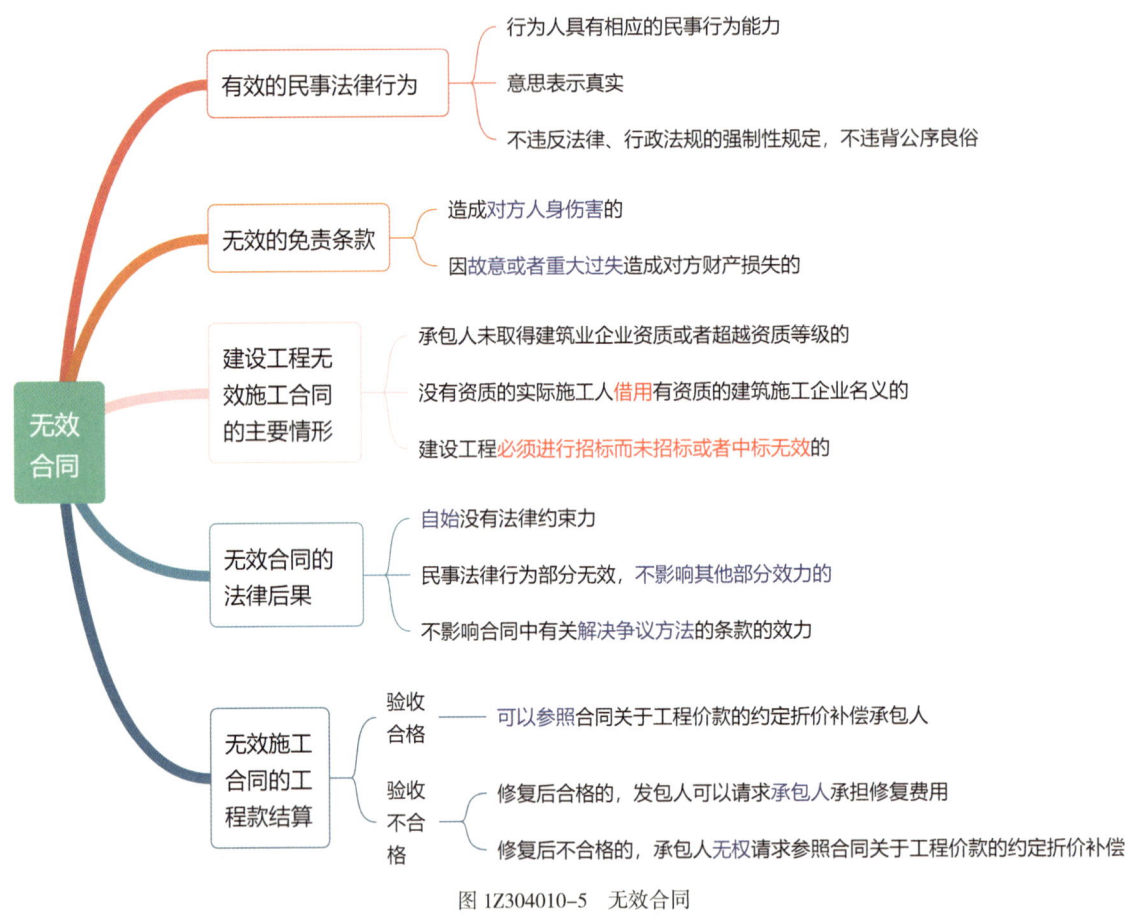

图 1Z304010-5　无效合同

2. 效力待定合同的种类

> ◆限制行为能力人订立的合同。
> ◆无权代理人订立的合同。

口助诀记　能力受限者，无权代理人。

【考点7】合同的履行、变更、转让、撤销和终止（☆☆☆☆☆）

1. 合同的变更 [19年单选]

> ◆合同的变更须经当事人双方协商一致。
> ◆当事人对合同变更的内容约定不明确的，推定为未变更。

2. 合同权利义务的转让 [16、17、18 年单选]

合同权利义务的转让   表 1Z304010-7

项目		内容
合同权利（债权）的转让	转让范围	（1）根据债权性质不得转让。 （2）按照当事人约定不得转让。 （3）依照法律规定不得转让
	通知债务人	债权人转让债权，未通知债务人的，该转让对债务人不发生效力
	债务人对让与人的抗辩	债务人接到债权转让通知后，债务人对让与人的抗辩，可以向受让人主张
	从权利随同主权利转让	债权人转让债权的，受让人取得与债权有关的从权利（专属于债权人自身权利的除外）
合同义务（债务）的转让		债务人将债务的全部或者部分转移给第三人的，应当经债权人同意。 债务人或者第三人可以催告债权人在合理期限内予以同意，债权人未作表示的，视为不同意
合同中权利和义务的一并转让		未经对方同意，一方当事人擅自一并转让权利和义务的，其转让行为无效，对方有权就转让行为对自己造成的损害，追究转让方的违约责任

> **口助诀记** 合同权利（债权）的转让范围的除外情形：性质、约定、法不让。

3. 可撤销合同

> **口助诀记** 可撤销合同种类：重大误解、失公平；欺诈、胁迫违真意。

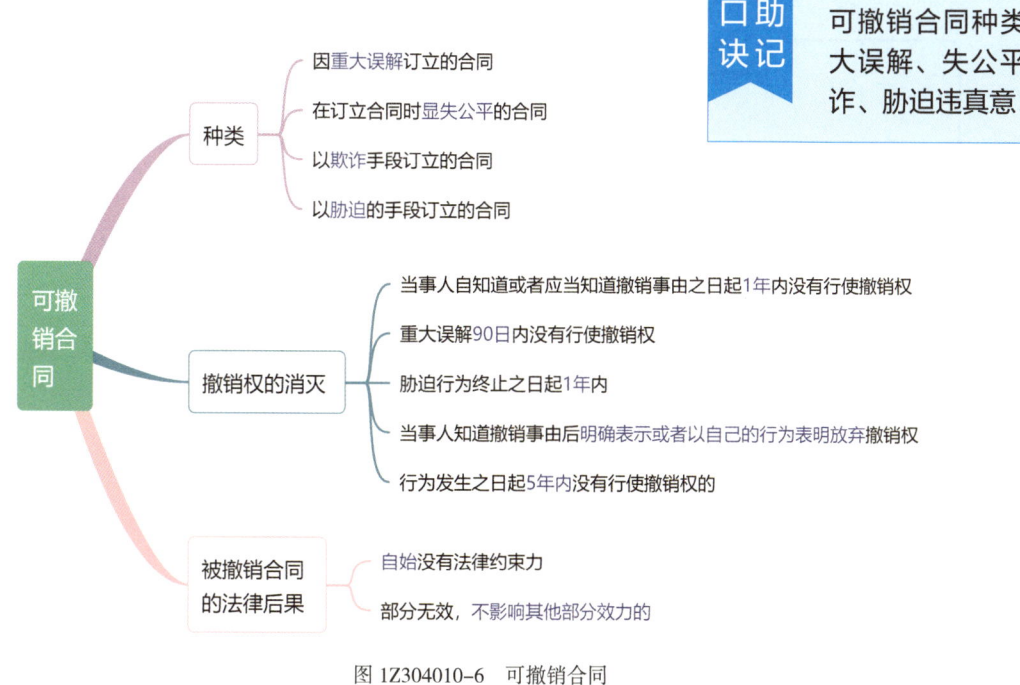

图 1Z304010-6   可撤销合同

4. 合同的终止 [13、20、21 年单选，15、20 年多选]

合同的终止　　　　　　　　　　　　　　　　　　表 1Z304010-8

项目	内容	
合同解除的类型	约定解除	
	法定解除	（1）因不可抗力致使不能实现合同目的。 （2）在履行期限届满前，当事人一方明确表示或者以自己的行为表明不履行主要债务。 （3）当事人一方延迟履行主要债务，经催告后在合理期限内仍未履行。 （4）当事人一方延迟履行债务或者有其他违约行为致使不能实现合同目的。 （5）法律规定的其他情形
解除合同的程序	合同自通知到达对方时解除	
施工合同的解除	发包人解除	承包人将建设工程转包、违法分包的，发包人可以解除合同
	承包人解除	发包人提供的主要建筑材料、建筑构配件和设备不符合强制性标准或者不履行协助义务，致使承包人无法施工，经催告后在合理期限内仍未履行相应义务的，承包人可以解除合同

【考点8】违约责任及违约责任的免除（☆☆☆）

1. 违约责任的概念和特征

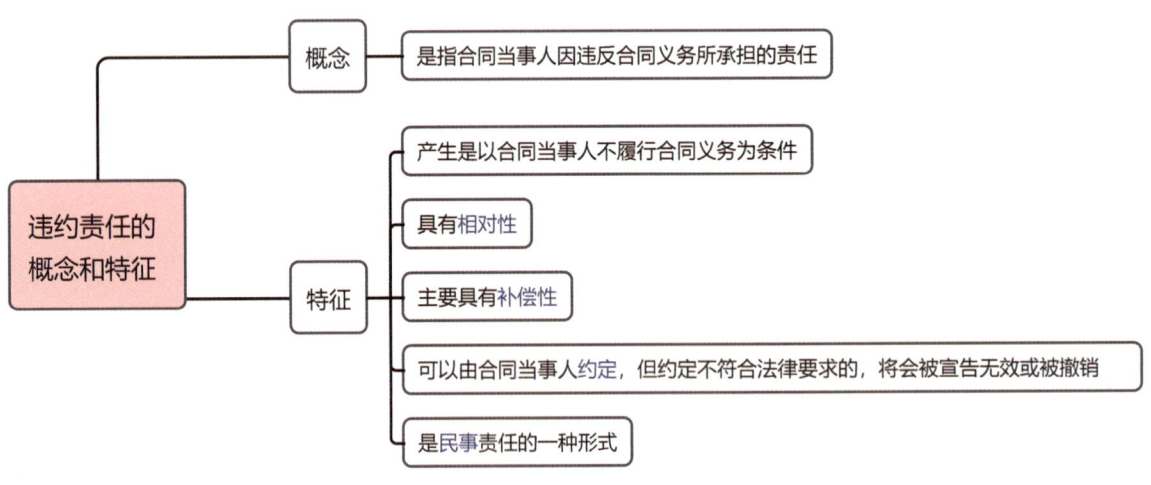

图 1Z304010-7　违约责任的概念和特征

2. 承担违约责任的种类 [15 年单选，13、19 年多选]

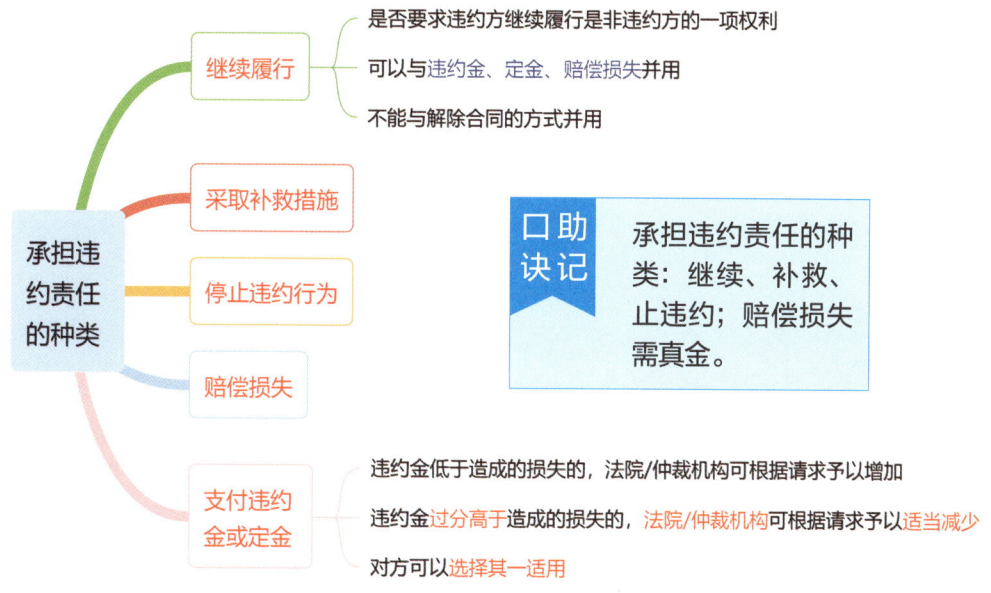

图 1Z304010-8　承担违约责任的种类

 本考点的命题方式如下：
（1）建设工程施工合同中，违约责任的主要承担方式有（　　）。
（2）关于 ×× 的说法，正确的有（　　）。
（3）甲与乙订立了一份施工项目的材料采购合同，货款为 40 万元，乙向甲支付定金 4 万元，如任何一方不履行合同应支付违约金 6 万元。甲因将施工材料另卖他人而无法向乙完成交付，在乙提出的如下诉讼请求中，既能最大限度保护自己的利益，又能获得法院支持的是（　　）。

1Z304020　劳动合同及劳动者权益保护制度

【考点 1】劳动合同订立的规定（☆☆☆☆）

1. 无固定期限劳动合同 [15、22 年单选]

> 有下列情形之一，劳动者提出或者同意续订、订立劳动合同的，除劳动者提出订立固定期限劳动合同外，应当订立无固定期限劳动合同：
> ◆在该用人单位连续工作满 10 年的；
> ◆用人单位初次实行劳动合同制度或者国有企业改制重新订立劳动合同时，劳动者在该用人单位连续工作满 10 年且距法定退休年龄不足 10 年的；
> ◆连续订立两次固定期限劳动合同，且劳动者没有《中华人民共和国劳动合同法》第 39 条和第 40 条第 1 项、第 2 项规定的情形，续订劳动合同的。

2. 劳动合同的基本条款 [14年多选]

劳动合同的基本条款　　　　　　　表 1Z304020-1

必备条款	补充条款
（1）用人单位的名称、住所和法定代表人或者主要负责人。 （2）劳动者的姓名、住址和居民身份证或者其他有效身份证件号码。 （3）劳动合同期限。 （4）工作内容和工作地点。 （5）工作时间和休息休假。 （6）劳动报酬。 （7）社会保险。 （8）劳动保护、劳动条件和职业危害防护。 （9）法律、法规规定应当纳入劳动合同的其他事项	（1）试用期。 （2）培训。 （3）保守秘密。 （4）补充保险。 （5）福利待遇等其他事项

3. 建立劳动关系即应订立劳动合同 [14年单选]

◆建立劳动关系，应当订立书面劳动合同。
◆已建立劳动关系，未同时订立书面劳动合同的，应当自用工之日起1个月内订立书面劳动合同。

4. 试用期 [20年单选]

试用期　　　　　　　表 1Z304020-2

劳动合同期限	试用期			
	最长限制期限	特殊规定	最低工资	次数
（1）完成一定工作任务为期限。 （2）不满3个月的	不得约定	（1）试用期包含在劳动合同期限内。 （2）仅约定试用期的，不成立，则该期限为劳动合同期限。 （3）单位提出解除，需向劳动者说明理由	≥80%	1
3个月以上不满1年的	1个月			
1年以上不满3年的	2个月			
3年以上固定期限和无固定期限的	6个月			

【考点2】劳动合同的履行、变更、解除和终止（☆☆☆☆☆）

1. 劳动合同的履行与变更 [19年单选]

◆用人单位拖欠或者未足额支付劳动报酬的，劳动者可以依法向当地人民法院申请支付令。
◆劳动者拒绝用人单位管理人员违章指挥、强令冒险作业的，不视为违反劳动合同。
◆用人单位发生合并或者分立等情况，原劳动合同继续有效，劳动合同由承继其权利和义务的用人单位继续履行。
◆变更劳动合同，应当采用书面形式。

2. 劳动者可以单方解除劳动合同的规定 [13年单选，22年多选]

劳动者可以单方解除劳动合同的规定　　　　　　　　　　　　　　表 1Z304020-3

项目	内容
预告解除时限	提前 30 日书面通知；试用期提前 3 日通知
不需事先告知	用人单位以暴力、威胁或者非法限制人身自由的手段强迫劳动者劳动的，或者用人单位违章指挥、强令冒险作业危及劳动者人身安全的，劳动者可以立即解除劳动合同

3. 用人单位可以单方解除劳动合同的规定 [13、15、17、18、20、21年单选，19年多选]

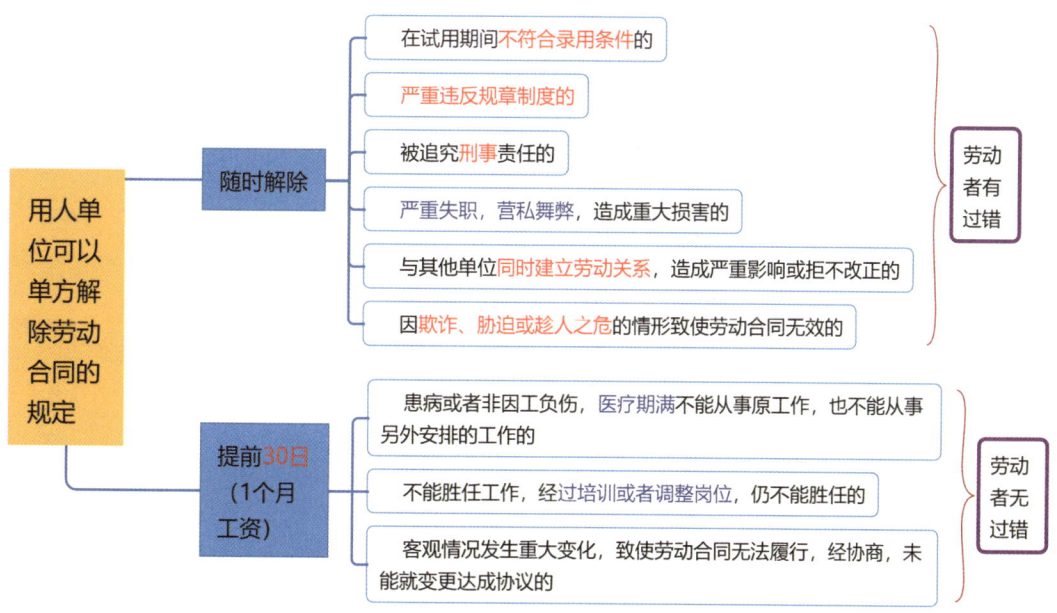

图 1Z304020-1　用人单位可以单方解除劳动合同的规定

4. 用人单位不得解除劳动合同的规定 [13、18、20、21 年单选]

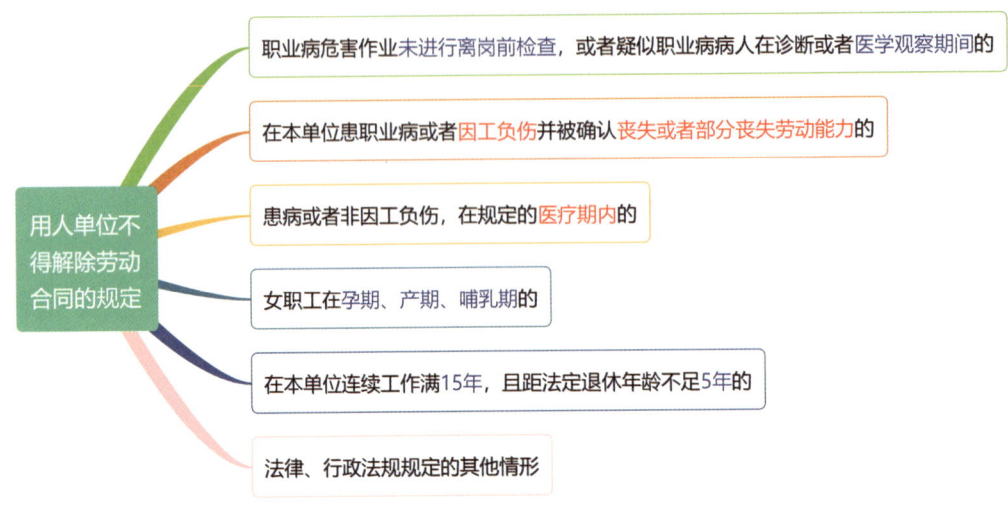

职业病危害作业未进行离岗前检查，或者疑似职业病病人在诊断或者医学观察期间的

在本单位患职业病或者因工负伤并被确认丧失或者部分丧失劳动能力的

患病或者非因工负伤，在规定的医疗期内的

用人单位不得解除劳动合同的规定

女职工在孕期、产期、哺乳期的

在本单位连续工作满15年，且距法定退休年龄不足5年的

法律、行政法规规定的其他情形

图 1Z304020-2　用人单位不得解除劳动合同的规定

直击考点

（1）本考点常与可以随时解除的情形互为干扰选项进行综合性的考核。
（2）违法解除／终止的赔偿标准 = 经济补偿 ×2。

【考点 3】劳务派遣（☆☆☆☆☆）[15、16、17、18、21、22 年单选]

劳务派遣　　　　　　　　　　　　　　　　　　　　　　表 1Z304020-4

项目	内容
申请行政许可	经营劳务派遣业务，应当向劳动行政部门依法申请行政许可
适用	只能在临时性、辅助性或者替代性的工作岗位上实施
劳务派遣合同	2年以上的固定期限劳动合同，按月支付劳动报酬
劳务派遣协议	订立主体：劳务派遣单位与用工的单位 劳务派遣协议应当载明的内容：（13项）
被派遣劳动者	被派遣劳动者享有与用工单位的劳动者同工同酬的权利
工伤认定	被派遣劳动者在用工单位因工作遭受事故伤害的，劳务派遣单位应当依法申请工伤认定，用工单位应当协助工伤认定的调查核实工作。劳务派遣单位承担工伤保险责任，但可以与用工单位约定补偿办法
将被派遣劳动者退回的情形	（1）用工单位有劳动合同法第40条第3项、第41条规定情形的； （2）用工单位被依法宣告破产、吊销营业执照、责令关闭、撤销、决定提前解散或者经营期限届满不再继续经营的； （3）劳务派遣协议期满终止的

直击考点

（1）临时性工作岗位是指存续时间不超过 6 个月的岗位。
（2）本考点的命题方式主要如下：

1）关于劳务派遣的说法，正确的是（　　　）。

2）根据《劳务派遣暂行规定》，被派遣劳动者在用工单位因工作遭受事故伤害，关于申请工伤认定的说法，正确的是（　　　）。

3）甲施工企业与乙劳务派遣单位订立劳务派遣协议，由乙向甲派遣员工王某，关于该用工关系的说法，正确的是（　　　）。

4）劳务派遣单位派往用人单位的劳动者因工受伤，应由（　　　）承担工伤保险责任。

【考点4】劳动保护的规定（☆☆☆☆）

1. 劳动者的工作时间和休息休假

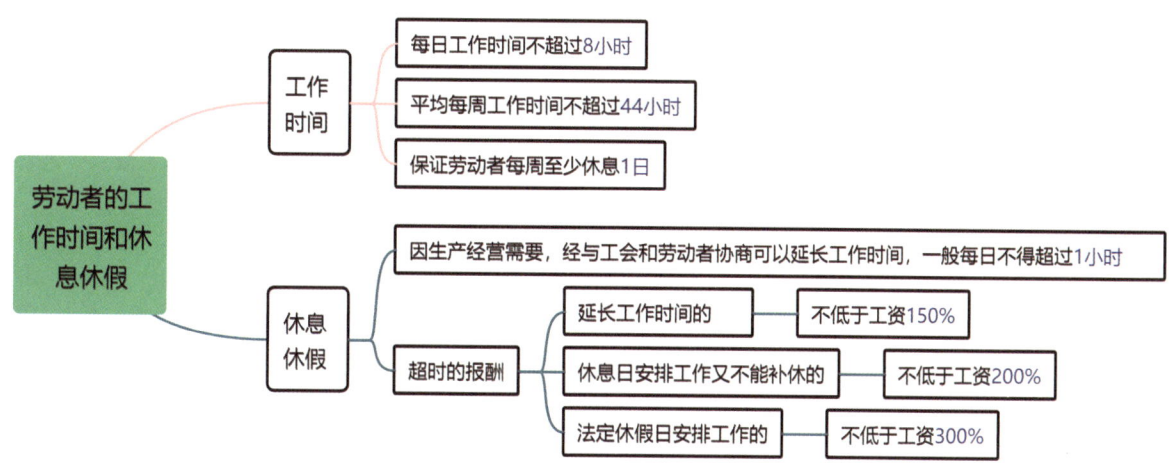

图 1Z304020-3　劳动者的工作时间和休息休假

2. 劳动者的工资 [19年单选，16年多选]

劳动者的工资　　　　　　　　　　表 1Z304020-5

项目		内容
工资基本规定	形式	以货币形式按月支付
最低工资保障制度	备案	最低工资的具体标准由省、自治区、直辖市人民政府规定，报国务院备案
	注意事项	用人单位应支付给劳动者的工资在剔除下列各项以后，不得低于当地最低工资标准： （1）延长工作时间工资； （2）中班、夜班、高温、低温、井下、有毒有害等特殊工作环境、条件下的津贴； （3）法律、法规和国家规定的劳动者福利待遇等
农民工工资支付的规定		（1）总包单位应当在工程施工合同签订之日起 30 日内开立专用账户，专用账户资金不得因支付为本项目提供劳动的农民工工资之外的原因被查封、冻结或者划拨。 （2）建设单位应当按工程施工合同约定的数额或者比例等，按时将人工费用拨付到总包单位专用账户。人工费用拨付周期不得超过 1 个月

3. 女职工和未成年工的特殊保护

女职工和未成年工的特殊保护 表 1Z304020-6

主体	特殊保护	
女职工	工种限制	禁止安排女职工从事矿山井下、国家规定的第4级体力劳动强度的劳动
	经期	不得从事高处、低温、冷水作业和国家规定的第3级体力劳动强度的劳动
	孕期	怀孕7个月以上的不得延长工作时间和夜班劳动
	产假保障	≥ 90d
	哺乳期	不得安排其延长工作时间和夜班劳动
未成年工	年龄	年满16周岁
	工种限制	不得安排未成年工从事矿山井下、有毒有害、国家规定的第4级体力劳动强度的劳动和其他禁忌从事的劳动
	健康检查	用人单位应当对未成年工定期进行健康检查

 关于劳动者的年龄考生可通过图 1Z304020-4 进行理解记忆：

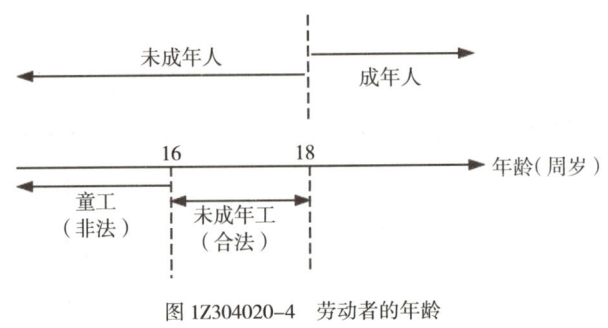

图 1Z304020-4 劳动者的年龄

4. 劳动者的社会保险 [22年单选，18、20年多选]

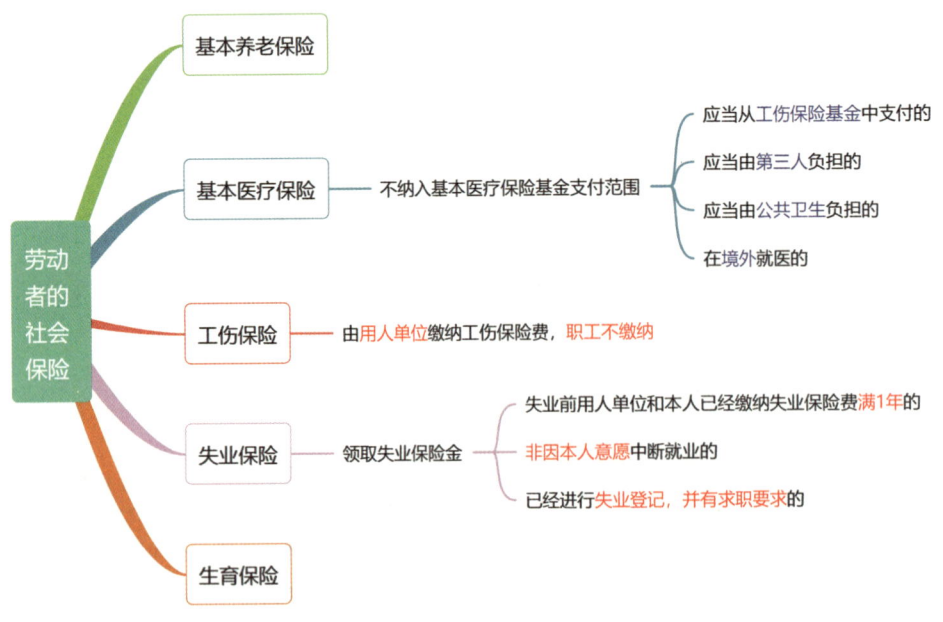

图 1Z304020-5 劳动者的社会保险

 基本养老保险、基本医疗保险和失业保险由用人单位和职工共同缴纳保险费。工伤保险和生育保险由用人单位缴纳保险费，职工不缴纳保险费。

【考点5】劳动争议的解决方式（☆☆☆）[14、16、22年单选]

劳动争议的解决方式			表1Z304020-7
调解	仲裁		诉讼
劳动争议调解委员会由职工代表、用人单位代表和工会代表（主任）组成	劳动争议仲裁委员会由劳动行政部门代表（主任）、同级工会代表、用人单位方面的代表组成。申请时效：1年		原因：不服仲裁结果。时限：15日

 **直击考点** 对于调解不成，当事人一方要求仲裁的，可以向劳动争议仲裁委员会申请仲裁。当事人一方也可以直接向劳动争议仲裁委员会申请仲裁。

1Z304030　相关合同制度

【考点1】承揽合同的法律规定（☆☆☆☆☆）

 **直击考点**（1）未经定作人的同意，承揽人将承揽的主要工作交由第三人完成的，定作人可以解除合同；经定作人同意的，承揽人也应就第三人完成的工作成果向定作人负责。
（2）承揽人在工作期间，应当接受定作人必要的监督检验，但定作人不得因监督检验妨碍承揽人的正常工作。

1. 承揽合同的特征 [15、22年单选，14年多选]

◆承揽合同以完成一定的工作并交付工作成果为标的。
◆承揽人须以自己的设备、技术和劳力完成所承揽的工作。
◆承揽人工作具有独立性。

2. 承揽合同当事人的权利义务 [14、15、18年单选]

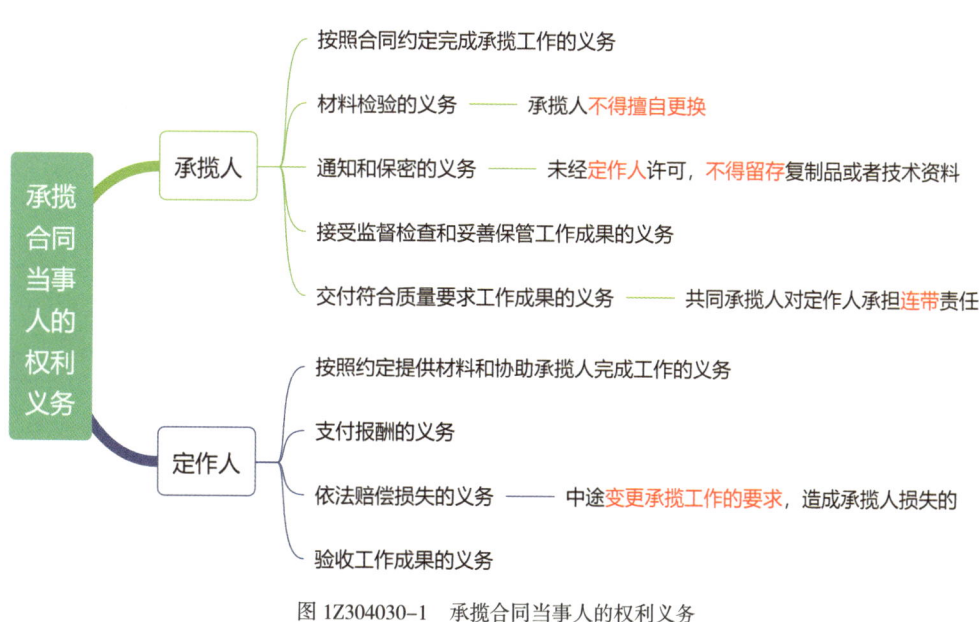

图1Z304030-1　承揽合同当事人的权利义务

（1）对于不能达成补充协议，也不能按照合同相关条款或者交易习惯确定的，定作人应当在承揽人交付工作成果时支付；工作成果部分交付的，定作人应当相应支付。

（2）承揽人发现定作人提供的图纸或者技术要求不合理的，应当及时通知定作人。因定作人怠于答复等原因造成承揽人损失的，定作人应当赔偿损失。

（3）本考点的命题方式举例如下：

1）承揽合同中，关于承揽人义务的说法，正确的是（　　　）。

2）甲施工企业与乙预制构件加工厂签订了承揽合同，合同约定由甲提供所需材料和图纸。关于该合同主体权利义务的说法，正确的是（　　　）。

3. 承揽合同的解除 [17、19、20 年单选]

承揽合同的解除　　　　　　　　　　　　　　　　　表 1Z304030-1

种类	内容
承揽人的法定解除权	定作人不履行协助义务致使承揽工作不能完成的，承揽人可以催告定作人在合理期限内履行义务，并可以顺延履行期限；定作人逾期不履行的，承揽人可以依法解除合同
定作人的法定解除权	承揽人将其承揽的主要工作交由第三人完成的，应当就该第三人完成的工作成果向定作人负责；未经定作人同意的，定作人可以解除合同
定作人的法定任意解除权	定作人在承揽人完成工作前可以随时解除承揽合同，造成承揽人损失的，应当赔偿损失

本考点的命题方式主要为"关于 ×× 的说法，正确的是（　　　）"，当然也会以小案例的形式进行考核，且考核要点很明确，其中定作人的法定任意解除权为重中之重。

【考点 2】买卖合同的法律规定（☆☆☆☆☆）

1. 买卖合同的法律特征

◆买卖合同是一种转移财产所有权的合同。
◆买卖合同是有偿合同。
◆买卖合同是双务合同。
◆买卖合同是诺成合同。

2. 标的物毁损灭失风险的承担 [15、16、19 年单选，20 年多选]

标的物毁损灭失风险的承担　　　　　　　　　　　　　表 1Z304030-2

情形	风险的承担
交付前	出卖人承担
交付后	买受人承担

续表

情形	风险的承担
买受人违约	因买受人的原因致使标的物未按照约定的期限交付的，买受人应当自违反约定时起承担标的物毁损、灭失的风险
承运人运输	毁损、灭失的风险自合同成立时起由买受人承担
交付地点不明确	对于需要运输的标的物，当事人没有约定交付地点或者约定不明确，出卖人将标的物交付给第一承运人后，标的物毁损、灭失的风险由买受人承担
标的物置于交付地，买受人未及时收取	违反约定之日起由买受人承担
标的物质量不符合质量要求	买受人拒绝接受标的物或者解除合同的，标的物毁损、灭失的风险由出卖人承担

 **直击考点**

（1）需要注意的两个要点：

1）出卖人按照约定未交付有关标的物的单证和资料的，不影响标的物毁损、灭失风险的转移。

2）标的物毁损、灭失的风险由买受人承担的，不影响因出卖人履行义务不符合约定，买受人请求其承担违约责任的权利。

（2）本考点的命题方式举例如下：

1）甲施工企业向乙建材公司购买一批水泥，关于该买卖合同中水泥毁损、灭失风险承担的说法，正确的是（　　）。

2）下列情形中，应当由出卖人承担标的物毁损、灭失风险的有（　　）。

3）在买卖合同中，出卖人出卖交由承运人运输的在途标的物，除当事人另有约定的以外，毁损、灭失的风险自（　　）时起由买受人承担。

4）甲施工企业从乙公司购进一批水泥，乙公司为甲施工企业代办托运。在运输过程中，甲施工企业与丙公司订立合同将这批水泥转让丙公司，水泥在运输途中因山洪暴发火车出轨受到损失。该案中水泥的损失应由（　　）承担。

3. 买卖合同当事人的权利义务 [13、17、22 年单选，18 年多选]

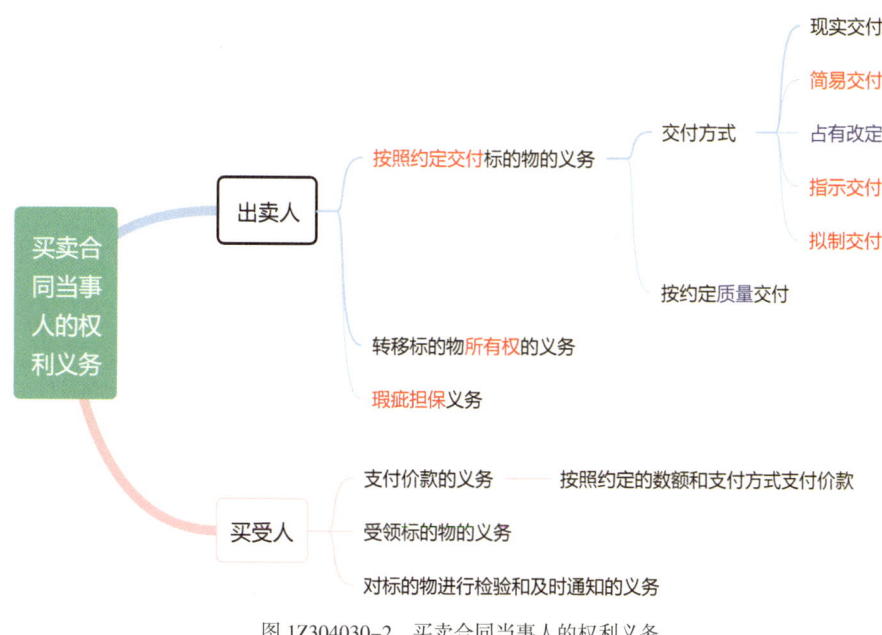

图 1Z304030-2　买卖合同当事人的权利义务

（1）交付的五种方式是考核的要点，考生要熟练区分。命题方式举例如下：

1）某设备租赁公司将一台已经出租给某劳务公司的钢筋切割机转让给某施工企业，该切割机租赁还有3个月到期。转让合同约定当切割机租赁期限结束时，劳务公司将其交付给该施工企业。该买卖合同中切割机的交付方式为（　　　）。

2）出卖人将标的物的权利凭证交给买受人，以替代标的物的现实交付，该种交付方式称为（　　　）。

（2）出卖人多交标的物的，买受人可以接收或者拒绝接收多交的部分。买受人接收多交部分的，按照约定的价格支付价款；买受人拒绝接收多交部分的，应当及时通知出卖人。

（3）关于政府指导价，要掌握下述要点：

1）在约定交付期限内调整：按交付时价格。

2）逾期交付：价格↑，按原价；价格↓，按新价。

3）逾期提取或付款：价格↑，按新价；价格↓，按原价。

4. 特殊买卖合同的规定 [16年多选]

特殊买卖合同的规定　　　　　　　　　　　　　　　　　表 1Z304030-3

种类	要求
凭样品买卖	凭样品买卖的买受人不知道样品有隐蔽瑕疵的，即使交付的标的物与样品相同，出卖人交付的标的物的质量仍然应当符合合同种物的通常标准
试用买卖	试用期限届满，买受人对是否购买标的物未作表示的，视为购买。 标的物在试用期内毁损、灭失的风险由出卖人承担
期货交易和衍生品交易	期货交易实行账户实名制。 衍生品交易，可以采用协议交易或者国务院规定的其他交易方式进行

【考点3】借款合同的法律规定（☆☆☆）[18年单选，13年多选]

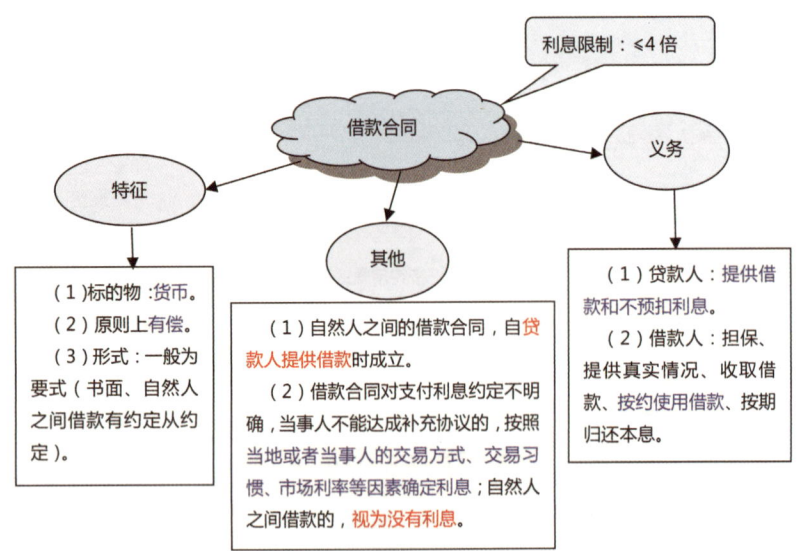

图 1Z304030-3　借款合同的法律规定

对于不能达成补充协议，也不能按照合同相关条款或者交易习惯确定的，借款期间不满1年的，应当在返还借款时一并支付；借款期间1年以上的，应当在每届满1年时支付，剩余期间不满1年的，应当在返还借款时一并支付。

【考点4】租赁合同的法律规定（☆☆☆）[15、20、21年单选]

1. 租赁合同的法律特征和类型 [15、20、21年单选]

租赁合同的法律特征和类型　　　　　　　　　　表 1Z304030-4

项目	内容
特征	（1）转移租赁物使用收益权。 （2）诺成。 （3）双务。 （4）有偿
类型	动产与不动产租赁
	定期与不定期：（1）约定 ≤ 20 年＜超过部分无效。 （2）6个月以上：书面。 （3）备案：当事人未依照法律、行政法规规定办理租赁合同登记备案手续的，不影响合同的效力。 （4）当事人未采用书面形式，无法确定租赁期限的，视为不定期租赁

（1）不定期租赁分为两种情形，可以简单了解一下。
（2）租赁期限届满，房屋承租人享有以同等条件优先承租的权利。

2. 租赁合同当事人的权利义务 [20年单选]

租赁合同当事人的权利义务　　　　　　　　　　表 1Z304030-5

项目	内容
出租人的义务	（1）交付出租物。 （2）维修租赁物。 （3）瑕疵担保（权利与物）。 （4）保证承租人优先购买权。 （5）共同居住人继续承租
承租人的义务	（1）支付租金。 （2）按照约定使用租赁物。 （3）妥善保管租赁物。（因保管不善造成租赁物毁损、灭失的，应当承担损害赔偿责任） （4）有关事项通知。 （5）返还租赁物。 （6）损失赔偿

（1）出租人履行通知义务后，承租人在15日内未明确表示购买的，视为承租人放弃优先购买权。
（2）租赁物在承租人按照租赁合同占有期限内发生所有权变动的，不影响租赁合同的效力。

【考点5】融资租赁合同的法律规定（☆☆☆☆）[18、20年单选，15、21年多选]

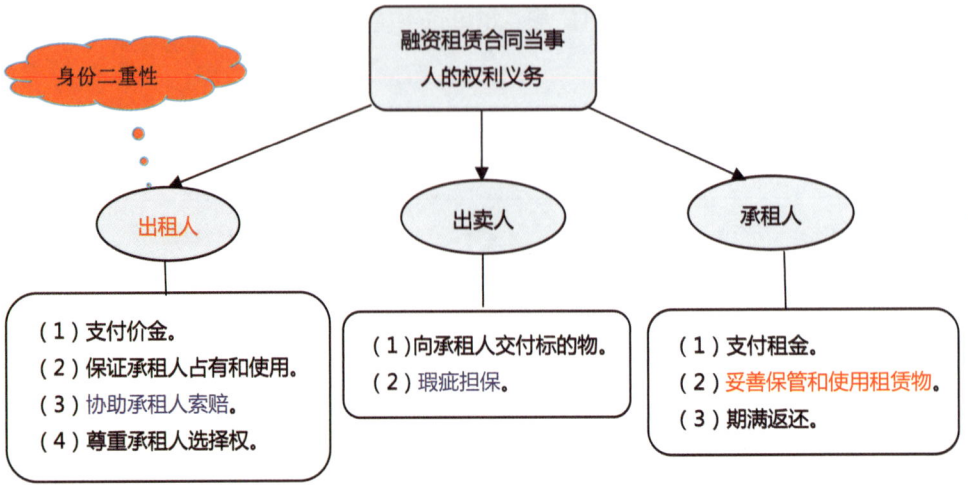

图 1Z304030-4　融资租赁合同当事人的权利义务

（1）通常，承租人要求出租人为其融资购买所需的租赁物，由出租人向出卖人支付价款，并由**出卖人向承租人交付租赁物及承担瑕疵担保义务**，而**承租人仅向出租人支付租金**而**无需向出卖人承担义务**。

（2）出租人根据承租人对出卖人、租赁物的选择订立的买卖合同，未经承租人同意，出租人不得变更与承租人有关的合同内容。租赁物不符合约定或者不符合使用目的的，出租人不承担责任。

（3）承租人可以拒绝受领出卖人向其交付的标的物的情形也是需要考生掌握的知识点。

（4）融资租赁合同具有三方主体，三者间的关系如图 1Z304030-5 所示。

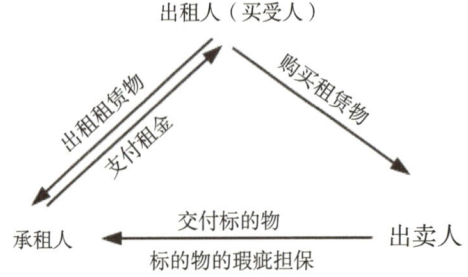

图 1Z304030-5　融资租赁合同三方法律关系图

【考点6】货运合同的法律规定（☆☆☆）

1. 货运合同的法律特征 [21年单选]

◆货运合同是**双务、有偿**合同。
◆货运合同的标的是运输行为。
◆货运合同是诺成合同。
◆货运合同当事人的**特殊性**。

2. 货运合同当事人的权利义务 [19年单选]

货运合同当事人的权利义务　　　　　表 1Z304030-6

当事人	权利	义务
承运人	（1）因托运人申报不实或者遗漏重要情况，造成承运人损失的，托运人应当承担赔偿责任。 （2）托运人违反包装的规定的，承运人可以拒绝运输。 （3）托运人或者收货人不支付运费、保管费或者其他费用的，承运人对相应的运输货物享有留置权	运送货物、及时通知提领货物、按指示运输、货物毁损灭失的赔偿和因不可抗力灭失货物不得要求支付运费。 注意事项： （1）承运人证明货物的毁损、灭失是因不可抗力、货物本身的自然性质或者合理损耗以及托运人、收货人的过错造成的，不承担赔偿责任。 （2）货物在运输过程中因不可抗力灭失，已经收取运费的，托运人可以请求返还
托运人	有条件的拒绝支付运费权和任意变更解除权	支付运费、妥善包装和告知
收货人	承运人未按照约定路线或者通常路线运输增加运输费用的，托运人或者收货人可以拒绝支付增加部分的运输费用	提货验收、支付托运人未付或者少付运费及其他费用

【考点7】仓储合同的法律规定（☆☆☆）

1. 仓储合同的法律特征 [14年单选]

◆ 仓储合同是诺成合同（自成立时生效，不以仓储物是否交付为要件）。
◆ 仓储合同的保管对象是动产。
◆ 仓储合同是双务合同、有偿合同。

2. 仓储合同当事人的权利义务 [22年单选，19年多选]

仓储合同当事人的权利义务　　　　　表 1Z304030-7

保管人的义务	存货人的义务
（1）验收的义务。 （2）出具仓单的义务。 （3）允许检查或者提取样品的义务。 （4）通知的义务。 （5）催告或作出必要处置的义务。 （6）损害赔偿的义务	（1）支付仓储费用的义务。 （2）说明的义务。 （3）按时提取仓储物

【考点8】委托合同的法律规定（☆☆☆）[21年单选]

委托合同的法律规定   表 1Z304030-8

项目	内容	
法律特征	（1）委托合同是一种典型的提供劳务的合同。 （2）委托的事务可以是法律行为，也可以是事实行为。 （3）委托合同可以是有偿合同，也可以是无偿合同	
当事人的权利义务	委托人	委托人的主要义务是支付费用、支付报酬和赔偿损失
	受托人	受托人的主要义务是按指示处理委托事务、亲自处理委托事务、委托事务报告和转交财产、披露委托人或第三人以及承担赔偿
委托合同的终止	委托人或者受托人可以随时解除委托合同。 因委托人死亡或者被宣告破产、解散，致使委托合同终止将损害委托人利益的，在委托人的继承人、遗产管理人或者清算人承受委托事务之前，受托人应当继续处理委托事务。 因受托人死亡、丧失民事行为能力或者被宣告破产、解散，致使委托合同终止的，受托人的继承人、遗产管理人、法定代理人或者清算人应当及时通知委托人	

1Z305000 建设工程施工环境保护、节约能源和文物保护法律制度

1Z305010 施工现场环境保护制度

【考点1】施工现场噪声污染防治的规定（☆☆☆☆）

1. 建筑施工场界噪声排放标准的规定 [14、21、22年单选]

直击考点　夜间噪声最大声级超过限值的幅度不得高于15dB（A）。

图 1Z305010-1　建筑施工场界噪声排放标准的规定

2. 禁止夜间进行产生噪声污染施工作业的规定 [13、14、15年单选]

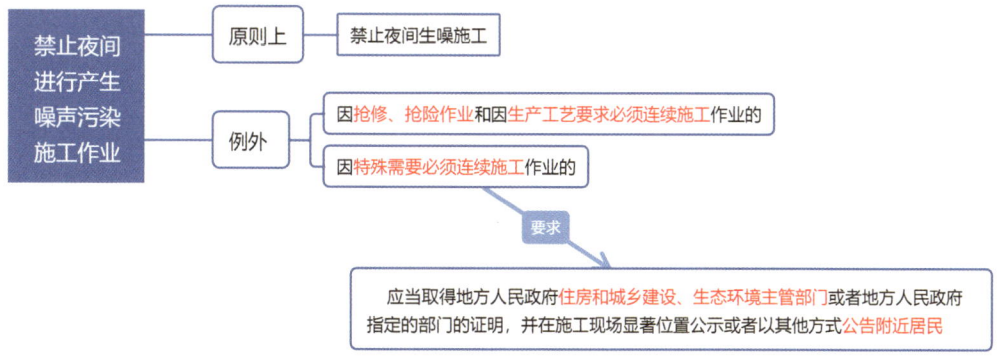

图 1Z305010-2　禁止夜间进行产生环境噪声污染施工作业的规定

（1）噪声敏感建筑物是指用于居住、科学研究、医疗卫生、文化教育、机关团体办公、社会福利等需要保持安静的建筑物。

（2）本考点的命题方式举例如下：

1）根据《中华人民共和国环境噪声污染防治法》，在城市市区噪声敏感建筑物集中区域内，不能在夜间进行产生环境噪声污染的建筑施工作业的是（　　）。

2）在市区施工产生环境噪声污染的下列情形中，可以在夜间进行施工作业而不需要有关主管部门证明的是（　　）。

3）在某城市市区噪声敏感建筑集中区域进行可能造成噪声污染的施工作业，下列说法正确的是（　　）。

4）关于施工现场噪声污染防治的说法，正确的有（　　）。

【考点2】施工现场大气污染防治的规定（☆☆☆）

施工现场大气污染防治的规定　　　　　　　　　　　　　表 1Z305010-1

项目	内容
施工现场大气污染的防治	（1）建设单位应当将防治扬尘污染的费用列入工程造价，并在施工承包合同中明确施工单位扬尘污染防治责任。施工单位应当制定具体的施工扬尘污染防治实施方案。 （2）城市范围内主要路段的施工工地应设置高度不小于 2.5m 的封闭围挡，一般路段的施工工地应设置高度不小于 1.8m 的封闭围挡
碳排放权交易管理	温室气体排放单位符合下列条件的，应当列入温室气体重点排放单位名录： （1）属于全国碳排放权交易市场覆盖行业。 （2）年度温室气体排放量达到 2.6 万吨二氧化碳当量

【考点3】施工现场水污染防治的规定（☆☆☆☆）[15、16、17、18、22年单选]

施工现场水污染防治的规定　　　　　　　　　　　　　表 1Z305010-2

项目	内容
水源保护	（1）在饮用水水源保护区内，禁止设置排污口。 （2）在风景名胜区水体、重要渔业水体和其他具有特殊经济文化价值的水体的保护区内，不得新建排污口。 （3）在保护区附近新建排污口，应当保证保护区水体不受污染
禁止排放	（1）禁止向水体排放油类、酸液、碱液或者剧毒废液。 （2）禁止向水体排放、倾倒工业废渣、城镇垃圾和其他废弃物。 （3）禁止利用渗井、渗坑、裂隙、溶洞，私设暗管，篡改、伪造监测数据，或者不正常运行水污染防治设施等逃避监管的方式排放水污染物。 （4）禁止利用无防渗漏措施的沟渠、坑塘等输送或者存贮含有毒污染物的废水、含病原体的污水和其他废弃物

续表

项目	内容
排水许可证	（1）各类施工作业需要排水的，由建设单位申请领取排水许可证。 （2）因施工作业需要向城镇排水设施排水的，排水许可证的有效期，由城镇排水主管部门根据排水状况确定，但不得超过施工期限
防护措施	（1）兴建地下工程设施或者进行地下勘探、采矿等活动，应当采取防护性措施，防止地下水污染。 （2）人工回灌补给地下水，不得恶化地下水质
不得收取费用	城镇排水主管部门实施排水许可不得收费
水污染事故报告	向事故发生地的县级以上地方人民政府或者生态环境主管部门报告

 排水户不得有哪些危及城镇排水设施安全的行为，考生对其内容较容易进行判断。

【考点4】施工现场固体废物污染环境防治的规定（☆☆☆☆）

1. 一般固体废物污染环境的防治 [17、19、21 年单选]

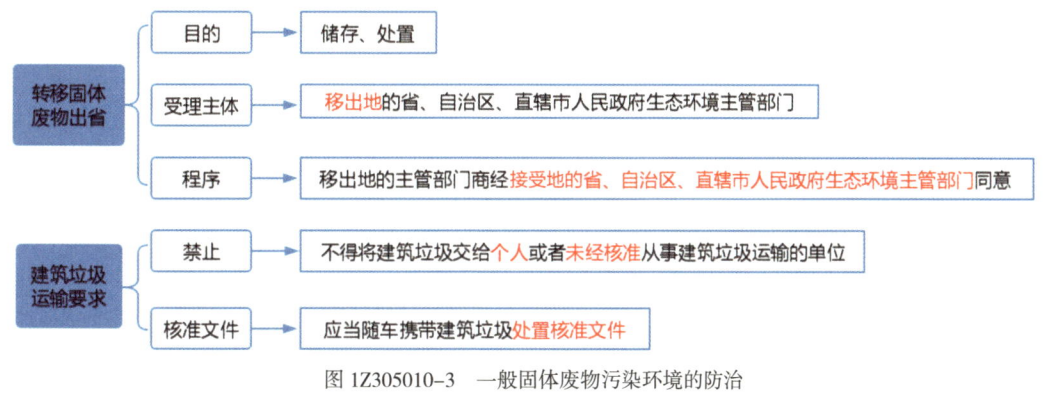

图 1Z305010-3　一般固体废物污染环境的防治

2. 施工现场固体废物的减量化和回收再利用 [20 年单选]

◆鼓励采用现场泥沙分离、泥浆脱水预处理等工艺，减少工程渣土和工程泥浆排放。
◆加强建筑垃圾的回收再利用，力争建筑垃圾的再利用和回收率达到 30%，建筑物拆除产生的废弃物的再利用和回收率大于 40%。对于碎石类、土石方类建筑垃圾，可采用地基填埋、铺路等方式提高再利用率，力争再利用率大于 50%。

1Z305020 施工节约能源制度

【考点1】施工合理使用与节约能源的规定（☆☆☆☆☆）

1. 合理使用与节约能源的一般规定 [13、20、21、22年单选]

合理使用与节约能源的一般规定　　　　　　表 1Z305020-1

项目	内容
节能的产业政策	（1）限制发展高耗能、高污染行业，发展节能环保型产业。 （2）对落后的耗能过高的用能产品、设备和生产工艺实行淘汰制度。 （3）国家鼓励企业制定严于国家标准、行业标准的企业节能标准
用能单位的法定义务	（1）按照合理用能的原则，加强节能管理，制定并实施节能计划和节能技术措施，降低能源消耗。 （2）建立节能目标责任制。 （3）定期开展节能教育和岗位节能培训。 （4）建立能源消费统计和能源利用状况分析制度，对各类能源的消费实行分类计量和统计
循环经济的法律要求	减量化、再利用、资源化

直击考点
（1）任何单位不得对能源消费实行包费制。
（2）绿色施工要求实现四节一环保（节能、节地、节水、节材和环境保护）。

2. 建筑节能的规定 [16、17、19年单选，15年多选]

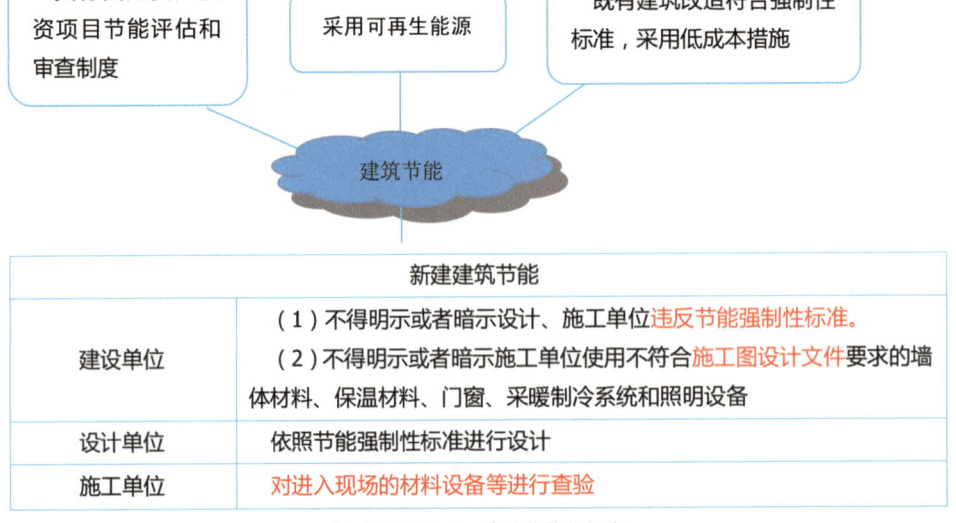

新建建筑节能	
建设单位	（1）不得明示或者暗示设计、施工单位违反节能强制性标准。 （2）不得明示或者暗示施工单位使用不符合施工图设计文件要求的墙体材料、保温材料、门窗、采暖制冷系统和照明设备
设计单位	依照节能强制性标准进行设计
施工单位	对进入现场的材料设备等进行查验

图 1Z305020-1　建筑节能的规定

（1）不符合强制性节能标准的项目，建设单位不得开工建设；已经建成的，不得投入生产、使用。

（2）未经监理工程师签字，墙体材料、保温材料、门窗、采暖制冷系统和照明设备不得在建筑上使用或者安装，施工单位不得进行下一道工序的施工。

3. 节材与材料资源利用 [18、22 年多选]

◆国家鼓励利用无毒无害的固体废物生产建筑材料，鼓励使用散装水泥，推广使用预拌混凝土和预拌砂浆。

◆图纸会审时，达到材料损耗率比定额损耗率降低 30%。

◆根据现场平面布置情况就近卸载，避免和减少二次搬运。

◆提高模板、脚手架等的周转次数。

4. 节水与水资源利用 [15 年单选，14、17、19、20、21 年多选]

节水与水资源利用　　　　　　　　　　　　　　　　　　　　　　表 1Z305020-2

方式	常用方法
提高用水效率	（1）施工中采用先进的节水施工工艺。 （2）施工现场喷洒路面、绿化浇灌不宜使用市政自来水。 （3）施工现场供水管网应根据用水量设计布置，管径合理、管路简捷，采取有效措施减少管网和用水器具的漏损。 （4）现场机具、设备、车辆冲洗用水必须设立循环用水装置。 （5）施工现场分别对生活用水与工程用水确定用水定额指标，并分别计量管理。 （6）大型工程的不同单项工程、不同标段、不同分包生活区，凡具备条件的应分别计量用水量。 （7）对混凝土搅拌站点等用水集中的区域和工艺点进行专项计量考核
非传统水源利用	（1）优先采用中水搅拌、中水养护。 （2）处于基坑降水阶段的工地，宜优先采用地下水作为混凝土搅拌用水、养护用水、冲洗用水和部分生活用水。 （3）现场机具、设备、车辆冲洗，喷洒路面，绿化浇灌等用水，优先采用非传统水源，尽量不使用市政自来水。 （4）大型施工现场，尤其是雨量充沛地区的大型施工现场建立雨水收集利用系统，充分收集自然降水用于施工和生活中适宜的部位。 （5）力争施工中非传统水源和循环水的再利用量大于 30%

本考点为高频考点，多以多项选择题的形式进行考核。提问方式多为"关于 ×× 的说法，正确的有（　　）"。

5. 节地与施工用地保护 [16 年单选]

节地与施工用地保护　　　　　　　　　　　　　　　　　　　　　　表 1Z305020-3

项目	内容
临时用地指标	要求平面布置合理、紧凑，在满足环境、职业健康与安全及文明施工要求的前提下尽可能减少废弃地和死角，临时设施占地面积有效利用率大于 90%

项目	内容
临时用地保护	（1）应对深基坑施工方案进行优化，减少土方开挖和回填量，最大限度地减少对土地的扰动，保护周边自然生态环境。 （2）红线外临时占地应尽量使用荒地、废地，少占用农田和耕地。工程完工后，及时对红线外占地恢复原地形、地貌，使施工活动对周边环境的影响降至最低。 （3）对于施工周期较长的现场，可按建筑永久绿化的要求，安排场地新建绿化
施工总平面布置	（1）施工总平面布置应作到科学、合理，充分利用原有建筑物、构筑物、道路、管线为施工服务。 （2）施工现场搅拌站、仓库、加工厂、作业棚、材料堆场等布置应尽量靠近已有交通线路或即将修建的正式或临时交通线路，缩短运输距离。 （3）临时办公和生活用房应采用经济、美观、占地面积小、对周边地貌环境影响较小，且适合于施工平面布置动态调整的多层轻钢活动板房、钢骨架水泥活动板房等标准化装配式结构。 （4）施工现场围墙可采用连续封闭的轻钢结构预制装配式活动围挡，减少建筑垃圾，保护土地。 （5）施工现场道路按照永久道路和临时道路相结合的原则布置。 （6）临时设施布置应注意远近结合，努力减少和避免大量临时建筑拆迁和场地搬迁

【考点2】施工节约能源违法行为应承担的主要法律责任（☆☆☆）

1. 违反建筑节能标准违法行为应承担的法律责任

违反建筑节能标准违法行为应承担的法律责任　　表1Z305020-4

依据	主体	适用情形	法律责任
《节约能源法》	设计、施工、监理单位	违反建筑节能标准	（1）责令改正。 （2）罚款：10万元以上50万元以下。 （3）情节严重的：降低资质等级或吊销资质证书。 （4）造成损失的：赔偿
《民用建筑节能条例》	施工单位	未按照民用建筑节能强制性标准进行施工	（1）责令改正。 （2）罚款：合同价款2%以上4%以下。 （3）情节严重的：降低资质等级或吊销资质证书。 （4）造成损失的：赔偿
《民用建筑节能条例》	注册执业人员	未执行民用建筑节能强制性标准	（1）责令停止执业（3个月以上1年以下）。 （2）情节严重的：吊销执业资格证书，5年内不予注册

2. 使用黏土砖及其他施工节能违法行为应承担的法律责任 [16年多选]

《民用建筑节能条例》规定，施工单位有下列行为之一的，由县级以上地方人民政府建设主管部门责令改正，处10万元以上20万元以下的罚款；情节严重的，由颁发资质证书的部门责令停业整顿，降低资质等级或者吊销资质证书；造成损失的，依法承担赔偿责任：
◆未对进入施工现场的墙体材料、保温材料、门窗、采暖制冷系统和照明设备进行查验的。
◆使用不符合施工图设计文件要求的墙体材料、保温材料、门窗、采暖制冷系统和照明设备的。
◆使用列入禁止使用目录的技术、工艺、材料和设备的。

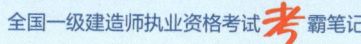

1Z305030 施工文物保护制度

【考点1】受法律保护的文物范围（☆☆☆☆）

1. 国家保护文物的范围（境内）[21年单选]

> ◆具有历史、艺术、科学价值的古文化遗址、古墓葬、古建筑、石窟寺和石刻、壁画。
> ◆与重大历史事件、革命运动或者著名人物有关的以及具有重要纪念意义、教育意义或者史料价值的近代现代重要史迹、实物、代表性建筑。
> ◆历史上各时代珍贵的艺术品、工艺美术品。
> ◆历史上各时代重要的文献资料以及具有历史、艺术、科学价值的手稿和图书资料等。
> ◆反映历史上各时代、各民族社会制度、社会生产、社会生活的代表性实物。

 具有科学价值的古脊椎动物化石和古人类化石同文物一样受国家保护。

2. 文物保护单位和文物的分级 [22年单选]

图 1Z305030-1　文物保护单位和文物的分级

3. 属于国家所有的文物范围 [18、19、22年单选]

属于国家所有的文物范围　　　　　　　　　　表 1Z305030-1

不可移动文物范围	可移动文物范围
古文化遗址、古墓葬、石窟寺属于国家所有。 国家指定保护的纪念建筑物、古建筑、石刻、壁画、近代现代代表性建筑等不可移动文物，除国家另有规定的以外，属于国家所有	（1）中国境内出土的文物，国家另有规定的除外。 （2）国有文物收藏单位以及其他国家机关、部队和国有企业、事业组织等收藏、保管的文物。 （3）国家征集、购买的文物。 （4）公民、法人和其他组织捐赠给国家的文物。 （5）法律规定属于国家所有的其他文物

 国有不可移动文物的所有权不因其所依附的土地所有权或者使用权的改变而改变。属于国家所有的可移动文物的所有权不因其保管、收藏单位的终止或者变更而改变。

【考点2】在文物保护单位保护范围和建设控制地带施工的规定（☆☆☆☆☆）

1. 文物保护单位的保护范围 [16年单选]

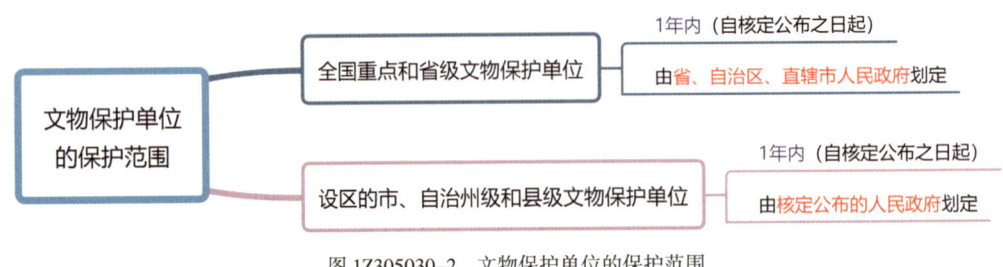

图 1Z305030-2　文物保护单位的保护范围

2. 文物保护单位的建设控制地带 [18年单选]

文物保护单位的建设控制地带　　　　　表 1Z305030-2

文物保护单位	批准部门	划定公布部门
全国重点	省、自治区、直辖市人民政府	省、自治区、直辖市人民政府的文物行政主管部门会同城乡规划行政主管部门
省级、设区的市、自治州级和县级	省、自治区、直辖市人民政府	核定公布该文物保护单位的人民政府的文物行政主管部门会同城乡规划行政主管部门

3. 历史文化名城名镇名村的保护 [21年单选，15年多选]

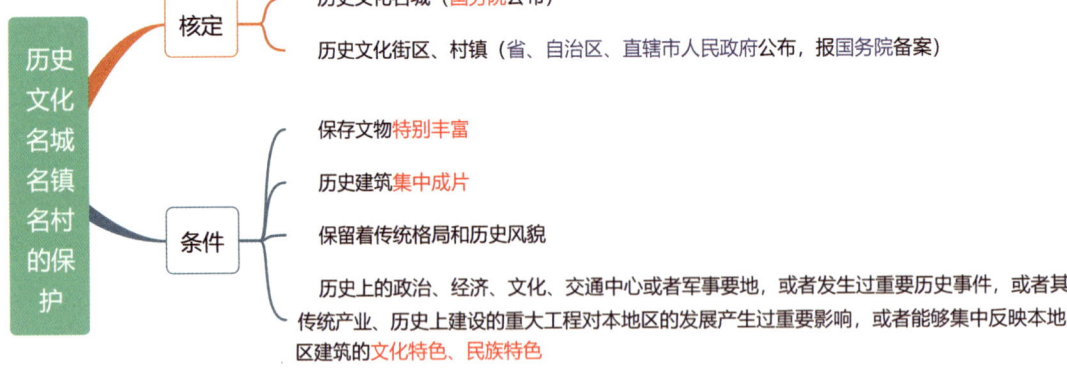

图 1Z305030-3　历史文化名城名镇名村的保护

4. 在文物保护单位保护范围和建设控制地带施工的规定 [14、15、16、17、19 年单选]

在文物保护单位保护范围和建设控制地带施工的规定　　　　　表 1Z305030-3

范围		要求
在历史文化名城名镇名村保护范围内从事建设活动	禁止	（1）开山、采石、开矿等破坏传统格局和历史风貌的活动。 （2）占用保护规划确定保留的园林绿地、河湖水系、道路等。 （3）修建生产、储存爆炸性、易燃性、放射性、毒害性、腐蚀性物品的工厂、仓库等。 （4）在历史建筑上刻划、涂污
	制订保护方案，办理相关手续	（1）改变园林绿地、河湖水系等自然状态的活动。 （2）在核心保护范围内进行影视摄制、举办大型群众性活动。 （3）其他影响传统格局、历史风貌或者历史建筑的活动
在文物保护单位保护范围和建设控制地带内从事建设活动		文物保护单位的保护范围内不得进行其他建设工程或者爆破、钻探、挖掘等作业。因特殊情况必须保证文物保护单位的安全，并经核定公布该文物保护单位的人民政府批准，在批准前应当征得上一级人民政府文物行政部门同意；在全国重点文物保护单位的保护范围内进行其他建设工程或者爆破、钻探、挖掘等作业的，必须经省、自治区、直辖市人民政府批准，在批准前应当征得国务院文物行政部门同意

（1）在历史文化街区、名镇、名村核心保护范围内，不得进行新建、扩建活动。但是，新建、扩建必要的基础设施和公共服务设施除外。

（2）本考点的命题方式举例如下：

1）在历史文化名城、名镇、名村保护范围内可进行的活动是（　　　）。

2）根据《历史文化名城名镇名村保护条例》，在历史文化街区、名镇、名村核心保护范围内，允许建设的工程是（　　　）。

3）关于在文物保护单位和建设控制地带内从事建设活动的说法，正确的是（　　　）。

4）在全国重点文物保护单位的保护范围内进行爆破、钻探、挖掘作业的，必须经（　　　）批准。

【考点 3】施工发现文物报告和保护的规定（☆☆☆）

1. 配合建设工程进行考古发掘工作的规定 [15 年单选]

◆确因建设工期紧迫或者有自然破坏危险，对古文化遗址、古墓葬急需进行抢救发掘的，由省、自治区、直辖市人民政府文物行政部门组织发掘，并同时补办审批手续。

2. 施工发现文物的报告和保护 [13、20 年单选]

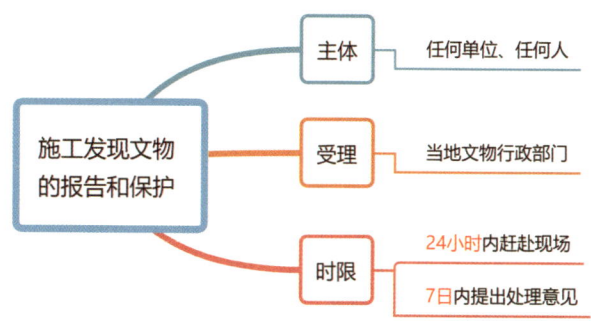

图 1Z305030-4　施工发现文物的报告和保护

1Z306000 建设工程安全生产法律制度

1Z306010 施工安全生产许可证制度

【考点1】申请领取安全生产许可证的条件（☆☆☆☆☆）
[14、15、19年单选，17、20、21、22年多选]

申请领取安全生产许可证的条件
- 建立、健全安全生产责任制，制定完备的安全生产规章制度和操作规程
- 保证本单位安全生产条件所需资金的投入
- 设置安全生产管理机构，按照规定配备专职安全生产管理人员
- 主要负责人、项目负责人、专职安全生产管理人员考核合格
- 特种作业人员考核合格，取得证书
- 管理人员和作业人员安全生产教育培训并考核合格（每年至少1次）
- 依法参加工伤保险，为从业人员交纳保险费
- 施工现场各场所、安全防护用具、设备、施工机具及配件符合要求
- 有职业危害防治措施，符合国家标准或者行业标准的安全防护用具和安全防护服装
- 有对危险性较大及易发生重大事故的部位、环节的预防、监控措施和应急预案
- 有事故应急救援预案、人员、设备
- 其他

图 1Z306010-1　申请领取安全生产许可证的条件

直击考点 本考点的命题方式举例如下：
（1）根据《建筑施工企业安全生产许可证管理规定》，建筑施工企业取得安全生产许可证应当具备的安全生产条件有（　　）。
（2）根据《建筑施工企业安全生产许可证管理规定》，建筑施工企业取得安全生产许可证应当经过住房和城乡建设主管部门或者其他有关部门考核合格的人员是（　　）。

【考点2】安全生产许可证的有效期和政府监管的规定（☆☆☆☆☆）

1. 安全生产许可证的申请 [20、21 年单选]

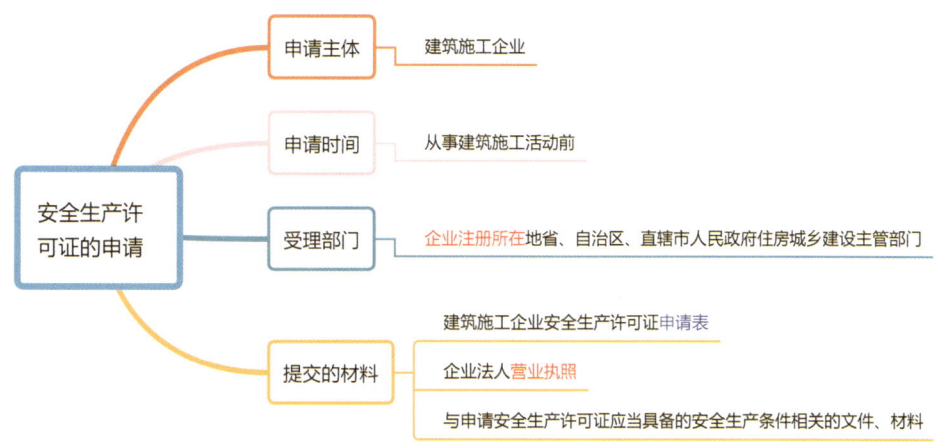

图 1Z306010-2　安全生产许可证的申请

2. 安全生产许可证的有效期 [16、22 年单选，13、18 年多选]

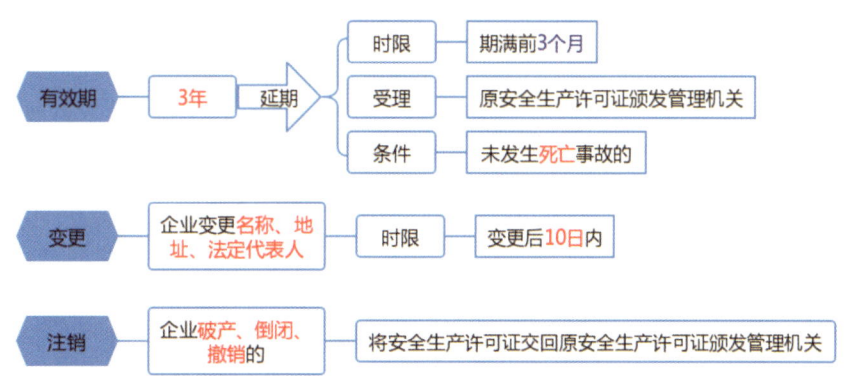

图 1Z306010-3　安全生产许可证的有效期

3. 政府监管 [19 年单选，14、17、19 年多选]

政府监管　　　　　　　　　　　　　　　　　　　　　　　表 1Z306010-1

项目	内容
审核	住房和城乡建设主管部门在审核发放施工许可证时，应当对已经确定的建筑施工企业是否有安全生产许可证进行审查，对没有取得安全生产许可证的，不得颁发施工许可证
暂扣	安全生产许可证颁发管理机关发现企业不再具备安全生产条件的，应当暂扣或者吊销安全生产许可证
禁止	企业不得转让、冒用安全生产许可证或者使用伪造的安全生产许可证
撤销	（1）安全生产许可证颁发管理机关工作人员滥用职权、玩忽职守颁发安全生产许可证的。 （2）超越法定职权颁发安全生产许可证的。 （3）违反法定程序颁发安全生产许可证的。 （4）对不具备安全生产条件的建筑施工企业颁发安全生产许可证的。 （5）依法可以撤销已经颁发的安全生产许可证的其他情形

本考点的命题方式举例如下：
（1）关于施工许可证与已确定的施工企业安全生产许可证之间关系的说法，正确的有（　　）。
（2）安全生产许可证颁发管理机关发现施工企业不再具备安全生产条件时，可以采取的措施是（　　）。
（3）根据《建筑施工企业安全生产许可证管理规定》关于安全生产许可证的说法正确的有（　　）。
（4）安全生产许可证颁发管理机关或者其上级行政机关可以撤销已经颁发的安全生产许可证的情形有（　　）。

【考点3】安全生产许可证违法行为应承担的主要法律责任（☆☆☆☆☆）
[13、17、18、20、21、22年单选]

安全生产许可证违法行为应承担的主要法律责任　　　　　　表1Z306010-2

法律依据	适用情形	应承担的法律责任
《安全生产许可证条例》	未取得安全生产许可证擅自进行生产的	（1）责令停止生产，没收违法所得。 （2）10万元以上50万元以下的罚款。 （3）造成严重后果构成犯罪的，追究刑事责任
	有效期满未办理延期手续，继续进行生产的	（1）责令停止生产，限期补办延期手续，没收违法所得。 （2）5万元以上10万元以下的罚款。 （3）逾期仍不办理延期手续，继续进行生产的，依照未取得安全生产许可证擅自进行生产的规定处罚
	转让安全生产许可证的	（1）没收违法所得。 （2）处10万元以上50万元以下的罚款，并吊销其安全生产许可证。 （3）构成犯罪的，依法追究刑事责任
《建筑施工企业安全生产许可证管理规定》	企业隐瞒有关情况或者提供虚假材料申请安全生产许可证的	不予受理或者不予颁发安全生产许可证，并给予警告，1年内不得申请安全生产许可证
	企业以欺骗、贿赂等不正当手段取得安全生产许可证的	（1）撤销安全生产许可证，3年内不得再次申请安全生产许可证。 （2）构成犯罪的，依法追究刑事责任
	发生重大安全事故的	暂扣安全生产许可证并限期整改
	不再具备安全生产条件的	（1）暂扣安全生产许可证并限期整改。 （2）情节严重的，吊销安全生产许可证

（1）冒用安全生产许可证或者使用伪造的安全生产许可证的，依照未取得安全生产许可证擅自进行生产的规定处罚。接受转让的，依照未取得安全生产许可证擅自进行生产的规定处罚。
（2）本考点的命题方式举例如下：
1）根据《建筑施工企业安全生产许可证管理规定》，下列安全生产许可证违法行为中，罚款额度区间最小的是（　　）。
2）根据《建筑施工企业安全生产许可证管理规定》，关于已取得安全生产许可证的建筑施工企业发生重大安全事故所产生的法律责任的说法，正确的是（　　）。
3）安全生产许可证颁发管理机关发现建筑施工企业不再具备安全生产条件且情节严重的，应当对已经颁发的安全生产许可证予以（　　）。
4）建筑施工企业隐瞒或者提供虚假材料申请安全生产许可证的，应给予警告，并在（　　）年内不得申请安全生产许可证。
5）根据《建筑施工企业安全生产许可证管理规定》，下列安全生产许可证违法行为中，罚款额度区间最大的是（　　）。

1Z306020 施工安全生产责任和安全生产教育培训制度

【考点 1】施工单位的安全生产责任（☆☆☆☆）

1. 施工单位安全生产管理机构和专职安全生产管理人员的职责 [15 年单选，15、20、22 年多选]

施工单位安全生产管理机构和专职安全生产管理人员的职责　　表 1Z306020-1

主体	职责
建筑施工企业安全生产管理机构	（1）宣传和贯彻国家有关安全生产法律法规和标准。 （2）编制并适时更新安全生产管理制度并监督实施。 （3）组织或参与企业生产安全事故应急救援预案的编制及演练。 （4）组织开展安全教育培训与交流。 （5）协调配备项目专职安全生产管理人员。 （6）制订企业安全生产检查计划并组织实施。 （7）监督在建项目安全生产费用的使用。 （8）参与危险性较大工程安全专项施工方案专家论证会。 （9）通报在建项目违规违章查处情况。 （10）组织开展安全生产评优评先表彰工作。 （11）建立企业在建项目安全生产管理档案。 （12）考核评价分包企业安全生产业绩及项目安全生产管理情况。 （13）参加生产安全事故的调查和处理工作。 （14）企业明确的其他安全生产管理职责
专职安全生产管理人员在施工现场检查过程中的职责	（1）查阅在建项目安全生产有关资料、核实有关情况。 （2）检查危险性较大工程安全专项施工方案落实情况。 （3）监督项目专职安全生产管理人员履责情况。 （4）监督作业人员安全防护用品的配备及使用情况。 （5）对发现的安全生产违章违规行为或安全隐患，有权当场予以纠正或作出处理决定。 （6）对不符合安全生产条件的设施、设备、器材，有权当场作出查封的处理决定。 （7）对施工现场存在的重大安全隐患有权越级报告或直接向建设主管部门报告。 （8）企业明确的其他安全生产管理职责

 **直击考点**　《中华人民共和国安全生产法》规定，矿山、金属冶炼、建筑施工、运输单位和危险物品的生产、经营、储存、装卸单位，应当设置安全生产管理机构或者配备专职安全生产管理人员。

2. 建筑施工企业安全生产管理机构专职安全生产管理人员的配备要求 [18 年多选]

建筑施工企业安全生产管理机构专职安全生产管理人员的配备要求　　表 1Z306020-2

企业类型	配备人数		
	特级	一级	二级和二级以下
建筑施工总承包资质序列企业	≥6 人	≥4 人	≥3 人
建筑施工专业承包资质序列企业	—	≥3 人	≥2 人
建筑施工劳务分包资质序列企业	≥2 人		
建筑施工企业的分公司、区域公司等较大的分支机构	≥2 人		

3. 总承包单位与分包单位配备项目专职安全生产管理人员的要求

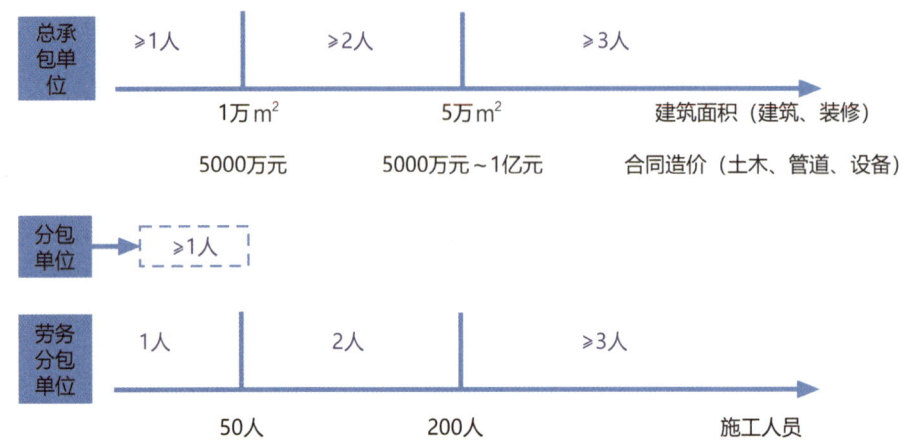

图 1Z306020-1　总承包单位与分包单位配备项目专职安全生产管理人员的要求

 采用新技术、新工艺、新材料或致害因素多、施工作业难度大的工程项目，项目专职安全生产管理人员的数量应当根据施工实际情况，在以上规定的配备标准上增加。

4. 施工单位负责人施工现场带班制度 [16、18 年单选，14 年多选]

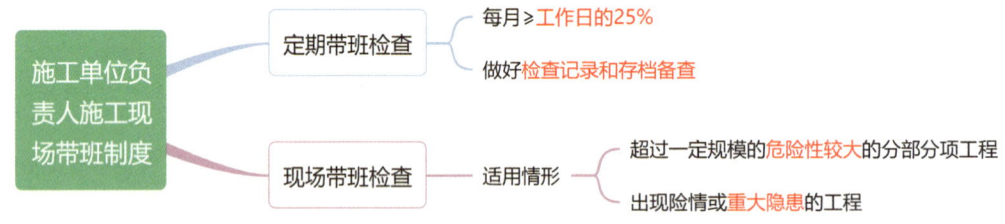

图 1Z306020-2　施工单位负责人施工现场带班制度

 （1）工程项目出现险情或发现重大隐患时，建筑施工企业负责人应到施工现场带班检查，督促工程项目进行整改，及时消除险情和隐患。
（2）对于有分公司（非独立法人）的企业集团，集团负责人因故不能到现场的，可书面委托工程所在地的分公司负责人对施工现场进行带班检查。
（3）本考点的命题方式通常为"关于施工企业负责人施工现场带班制度的说法，正确的是(　　　)"。

5. 生产安全事故隐患排查治理制度

◆企业及工程项目的主要负责人对重大隐患排查治理工作全面负责。
◆建筑施工企业应当定期组织安全生产管理人员、工程技术人员和其他相关人员排查每一个工程项目的重大隐患，特别是对深基坑、高支模、地铁隧道等技术难度大、风险大的重要工程应重点定期排查。对排查出的重大隐患，应及时实施治理消除，并将相关情况进行登记存档。

【考点 2】施工项目负责人的安全生产责任（☆☆☆）[15 年单选]

施工项目负责人的安全生产责任　　　　　　　表 1Z306020-3

项目	内容	
安全生产责任	（1）对建设工程项目的安全施工负责。 （2）落实安全生产责任制度、安全生产规章制度和操作规程。 （3）确保安全生产费用的有效使用。 （4）组织制定安全施工措施。 （5）消除安全事故隐患。 （6）及时、如实报告生产安全事故	
项目负责人施工现场带班制度	责任人	项目负责人是工程项目质量安全管理的第一责任人，应对工程项目落实带班制度负责
	时间	项目负责人每月带班生产时间不得少于本月施工时间的 80%
	要求	做好带班生产记录并签字存档备查

 施工单位项目经理是危大工程安全管控第一责任人，必须在危大工程施工期间现场带班，超过一定规模的危大工程施工时，施工单位负责人应当带班检查。

【考点 3】施工总承包和分包单位的安全生产责任（☆☆☆）[17、20、22 年单选]

施工总承包和分包单位的安全生产责任　　　　　表 1Z306020-4

行为	法定安全生产责任
总承包单位	（1）分包合同应当明确总分包双方的安全生产责任。 （2）统一组织编制建设工程生产安全应急救援预案。 （3）负责上报施工生产安全事故。 （4）承担连带责任
分包单位	（1）分包单位向总承包单位负责，服从总承包单位对施工现场的安全生产管理。 （2）分包单位应当服从总承包单位的安全生产管理，分包单位不服从管理导致生产安全事故的，由分包单位承担主要责任

 本考点的命题方式举例如下：
（1）施工总承包单位和分包单位对分包工程安全生产承担的责任是（　　　）。
（2）某建设工程项目分包工程发生生产安全事故，负责向安全生产监督管理部门、建设行政主管部门或其他有关部门上报的是（　　　）。
（3）实行施工总承包的工程项目，应由（　　　）统一组织编制建设工程生产安全事故应急救援预案。
（4）某工程项目，由总包单位承包，施工现场有三家分包单位同时施工，关于该项目的安全责任说法正确的是（　　　）。

【考点4】施工作业人员安全生产的权利和义务（☆☆☆）[19年单选，13、15、19年多选]

施工作业人员安全生产的权利和义务　　　　　　表 1Z306020-5

依法享有的安全生产保障权利	应当履行的安全生产义务
（1）安全生产的知情权和建议权。 （2）安全防护用品的获得权。 （3）批评、检举、控告权及拒绝违章指挥权。 （4）紧急避险权。 （5）获得工伤保险和意外伤害保险赔偿的权利。 （6）救治和请求民事赔偿权。 （7）依靠工会维权和被派遣劳动者的权利	（1）守法遵章和正确使用安全防护用具等的义务。 （2）接受安全生产教育培训的义务。 （3）施工安全事故隐患报告的义务。 （4）被派遣劳动者的义务

（1）从业人员发现事故隐患或者其他不安全因素，应当立即向现场安全生产管理人员或者本单位负责人报告；接到报告的人员应当及时予以处理。

（2）本考点的命题方式举例如下：

1）施工作业人员应当享有的安全生产权利有（　　　）。

2）根据《中华人民共和国安全生产法》，生产经营单位的从业人员有权了解其作业场所和工作岗位存在的（　　　）。

3）关于施工企业强令施工人员冒险作业的说法，正确的是（　　　）。

4）根据《中华人民共和国安全生产法》，施工企业从业人员发现安全事故隐患，应当及时向（　　　）报告。

【考点5】施工单位安全生产教育培训（☆☆☆）[13、14年单选，21年多选]

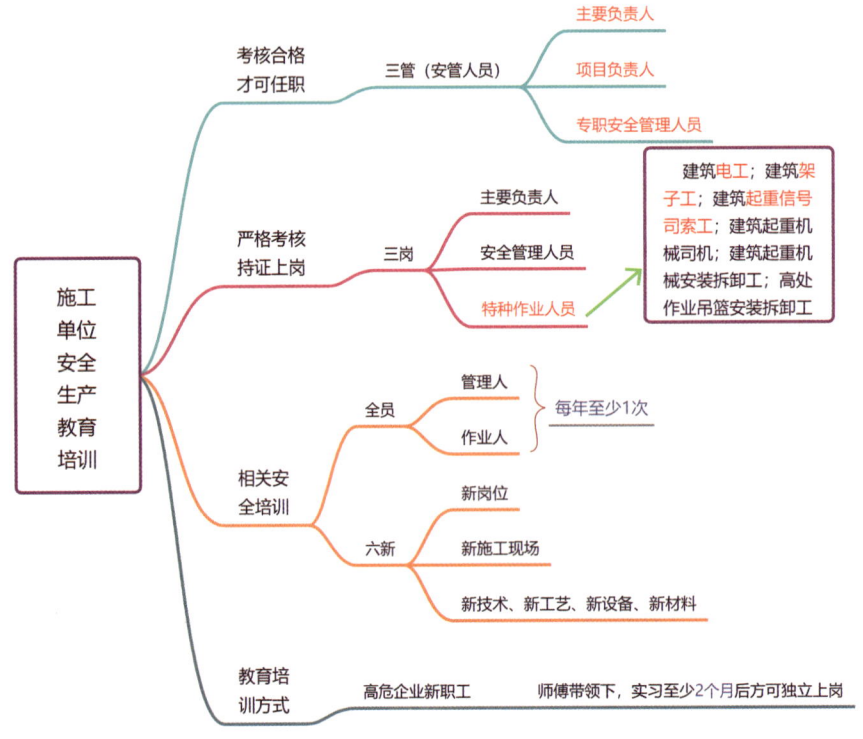

图 1Z306020-3　施工单位安全生产教育培训

**直击考点** "安管人员"应当通过**其受聘企业**，向企业工商注册地的**省、自治区、直辖市**人民政府住房和城乡建设主管部门申请安全生产考核，并取得安全生产考核合格证书。安全生产考核合格证书有效期为 **3 年**，证书在**全国**范围内有效。

1Z306030　施工现场安全防护制度

【考点1】编制安全技术措施、专项施工方案和安全技术交底的规定（☆☆☆☆）

1. 专项施工方案的编制 [13、15 年单选，20、22 年多选]

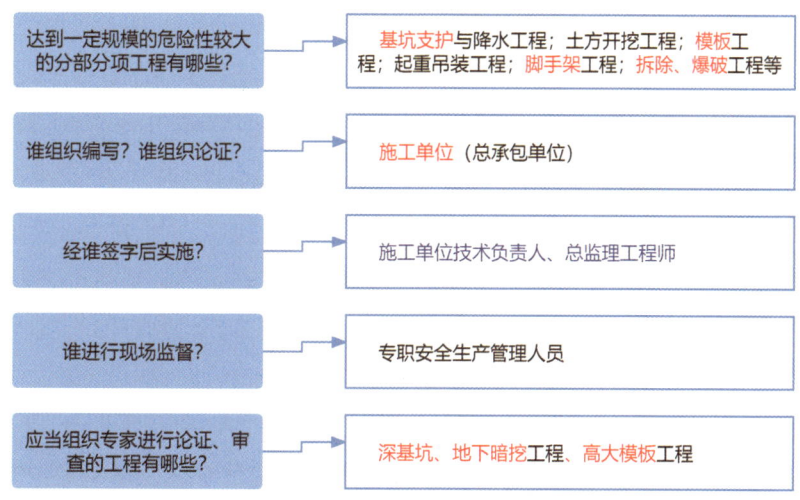

图 1Z306030-1　专项施工方案的编制

**直击考点**（1）对于按照规定需要进行第三方监测的危大工程，建设单位应当委托具有相应勘察资质的单位进行监测。监测方案由监测单位技术负责人审核签字并加盖单位公章，报送监理单位后方可实施。

（2）对于按照规定需要验收的危大工程，施工单位、监理单位应当组织相关人员进行验收。验收合格的，经施工单位项目技术负责人及总监理工程师签字确认后，方可进入下一道工序。

（3）本考点的命题方式举例如下：

1）根据《建设工程安全生产管理条例》，下列分部分项工程中，属于达到一定规模的危险性较大的需要编制专项施工方案并附具安全验算结果的有（　　　）。

2）对于达到一定规模的危险性较大的分部分项工程的专项施工方案，应由（　　　）组织专家论证、审查。

3）根据《建设工程安全生产管理条例》，关于对达到一定规模、危险性较大的分部分项工程编制的专项施工方案的说法，正确的有（　　　）。

2. 安全施工技术交底

◆建设工程施工前，施工单位负责项目管理的技术人员应当对有关安全施工的技术要求向施工作业班组、作业人员作出详细说明，并由双方签字确认。

◆专项施工方案实施前，编制人员或者项目技术负责人应当向施工现场管理人员进行方案交底。施工现场管理人员应当向作业人员进行安全技术交底，并由双方和项目专职安全生产管理人员共同签字确认。

【考点2】施工现场安全防范措施、安全费用和特种设备安全管理的规定（☆☆☆☆☆）

1. 施工现场安全防范措施 [16、17 年单选，15、21 年多选]

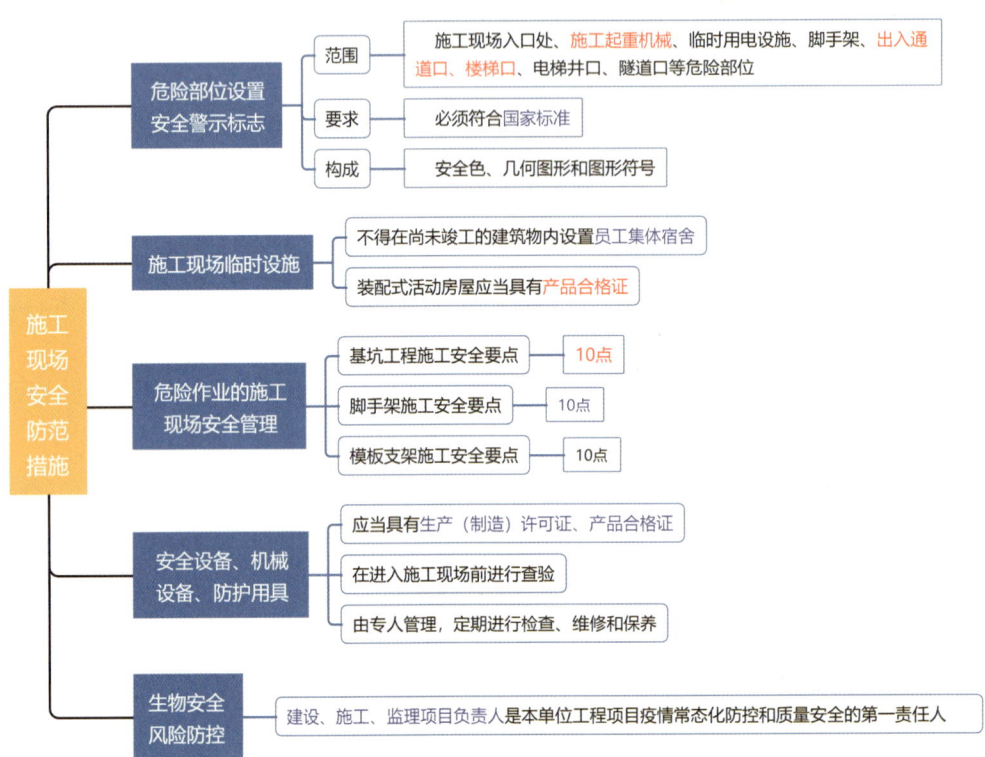

图 1Z306030-2　施工现场安全防范措施

（1）进行可能危及危险化学品管道安全的施工作业，施工单位应当在开工的 **7 日前书面**通知管道所属单位，并与管道所属单位共同制定应急预案，采取相应的安全防护措施。管道所属单位应当指派专门人员到现场进行管道安全保护指导。

（2）本考点的命题方式举例如下：

1）根据《建设工程安全生产管理条例》，施工单位应在施工现场（　　）设置明显的安全警示标志。

2）根据《建设工程安全生产管理条例》，在施工现场使用的装配式活动房屋，应当具有（　　）。

3）关于施工企业进行可能危及危险化学品管道安全的施工作业的说法，正确的是（　　）。

4）根据《关于印发起重机械、基坑工程等五项危险性较大的分部分项工程施工安全要点的通知》（建安办函〔2017〕12 号），关于基坑工程施工安全要点的说法，正确的有（　　）。

2. 施工单位安全费用的提取管理 [14、18 年单选，19 年多选]

施工单位安全费用的提取管理　　　　　　　　　　　　表 1Z306030-1

项目	内容
计提依据	建设工程施工企业以建筑安装工程造价为计提依据

续表

项目	内容
安全费用	（1）建设工程施工企业提取的安全费用列入工程造价，在竞标时，不得删减，列入标外管理。 （2）总包单位应当将安全费用按比例直接支付分包单位并监督使用，分包单位不再重复提取。 （3）投标方安全防护、文明施工措施的报价，不得低于依据工程所在地工程造价管理机构测定费率计算所需费用总额的 90%
安全文明施工费	（1）环境保护费。 （2）文明施工费。 （3）安全施工费。 （4）临时设施费

（1）建设单位与施工单位在施工合同中对安全防护、文明施工措施费用预付、支付计划未作约定或约定不明的处理方式如下：

1）工期＜1年，预付≥费用总额的 50%；

2）工期≥1年，预付≥费用总额的 30%。

（2）本考点的命题方式举例如下：

1）某工程项目工期为 12 个月，其中合同价款中安全防护、文明施工措施费用为 100 万元。在合同没有约定或约定不明情况下，建设单位预付该部分费用最低应为（　　　）万元。

2）关于施工企业安全费用的说法，正确的有（　　　）。

3. 施工单位安全费用的使用管理 [17 年单选]

◆实行工程总承包的，总承包单位依法将建筑工程分包给其他单位的，总承包单位与分包单位应当在分包合同中明确安全防护、文明施工措施费用由总承包单位统一管理。

◆安全防护、文明施工措施由分包单位实施的，由分包单位提出专项安全防护措施及施工方案，经总承包单位批准后及时支付所需费用。

◆工程总承包单位对建筑工程安全防护、文明施工措施费用的使用负总责。

4. 特种设备安全管理 [19 年单选]

特种设备安全管理　　　　　　表 1Z306030-2

项目	内容
安装、改造和修理	在验收后 30 日内将相关技术资料和文件移交特种设备使用单位
使用	投入使用前或者投入使用后 30 日内，向负责特种设备安全监督管理的部门办理使用登记
施工起重机械的安拆和使用管理	使用承租的机械设备和施工机具及配件的，由施工总承包单位、分包单位、出租单位和安装单位共同进行验收

【考点3】施工现场消防安全职责和应采取的消防安全措施（☆☆☆）

1. 施工单位消防安全责任人和消防安全职责 [15年单选]

施工单位消防安全责任人和消防安全职责　　　　　　　　　　表 1Z306030-3

机关、团体、企业事业单位	内容
消防安全责任人	法定代表人是本单位消防安全第一责任人。 单位的主要负责人是本单位的消防安全责任人
消防安全职责	（1）落实消防安全责任制，制定本单位的消防安全制度、消防安全操作规程，制定灭火和应急疏散预案。 （2）按照国家标准、行业标准配置消防设施、器材，设置消防安全标志，并定期组织检验、维修，确保完好有效。 （3）对建筑消防设施每年至少进行一次全面检测，确保完好有效，检测记录应当完整准确，存档备查。 （4）保障疏散通道、安全出口、消防车通道畅通，保证防火防烟分区、防火间距符合消防技术标准。 （5）组织防火检查，及时消除火灾隐患。 （6）组织进行有针对性的消防演练。 （7）法律、法规规定的其他消防安全职责

2. 施工单位的消防安全教育培训和消防演练 [14年单选]

◆施工单位应当根据国家有关消防法规和建设工程安全生产法规的规定，建立施工现场消防组织，制定灭火和应急疏散预案，并至少每半年组织一次演练，提高施工人员及时报警、扑灭初期火灾和自救逃生能力。

【考点4】工伤保险和意外伤害保险的规定（☆☆☆☆☆）

1. 工伤保险概述 [13、21、22年单选]

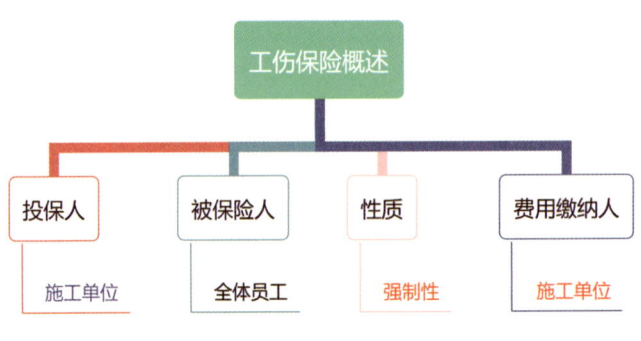

图 1Z306030-3　工伤保险概述

2. 工伤认定 [14、15、20 年多选]

工伤认定　　　　　　　　　　　　表 1Z306030-4

项目	情形
应当认定为工伤	（1）在工作时间和工作场所内，因工作原因受到事故伤害的。 （2）工作时间前后在工作场所内，从事与工作有关的预备性或者收尾性工作受到事故伤害的。 （3）在工作时间和工作场所内，因履行工作职责受到暴力等意外伤害的。 （4）患职业病的。 （5）因工外出期间，由于工作原因受到伤害或者发生事故下落不明的。 （6）在上下班途中，受到非本人主要责任的交通事故或者城市轨道交通、客运轮渡、火车事故伤害的。 （7）法律、行政法规规定应当认定为工伤的其他情形
视同工伤	（1）在工作时间和工作岗位，突发疾病死亡或者在 48 小时之内经抢救无效死亡的。 （2）在抢险救灾等维护国家利益、公共利益活动中受到伤害的。 （3）职工原在军队服役，因战、因公负伤致残，已取得革命伤残军人证，到用人单位后旧伤复发的。 职工有以上第（1）项、第（2）项情形的，按照《工伤保险条例》的有关规定享受工伤保险待遇；职工有以上第（3）项情形的，按照《工伤保险条例》的有关规定享受除一次性伤残补助金以外的工伤保险待遇

（1）职工符合以上的规定，但是有下列情形之一的，不得认定为工伤或者视同工伤：故意犯罪的；醉酒或者吸毒的；自残或者自杀的。
（2）职工或者其近亲属认为是工伤，用人单位不认为是工伤的，由用人单位承担举证责任。
本考点会以应当认定为工伤、视同工伤与不得认定为工伤或者视同工伤情形互为干扰选项进行综合性的考核。题干设置形式举例如下：
1）根据《工伤保险条例》，建筑施工企业职工有下列情况可以认定为工伤的有（　　　）。
2）根据《工伤保险条例》，可以认定为工伤或者视同工伤的有（　　　）。
3）某施工企业职工在工程施工中受伤，职工认为应属于工伤，用人单位不认为是工伤的，则应由（　　　）承担举证责任。

3. 工伤认定的申请、审核及决定 [20 年单选]

工伤认定的申请、审核及决定　　　　　　　表 1Z306030-5

项目	要求
申请时限	所在单位：30 日内。 工伤职工或者其近亲属、工会组织：1 年内
审核	社会保险行政部门受理工伤认定申请后，根据审核需要可以对事故伤害进行调查核实。 对依法取得职业病诊断证明书或者职业病诊断鉴定书的，社会保险行政部门不再进行调查核实
决定	社会保险行政部门应当自受理工伤认定申请之日起 60 日内作出工伤认定的决定，并书面通知申请工伤认定的职工或者其近亲属和该职工所在单位。 社会保险行政部门对受理的事实清楚、权利义务明确的工伤认定申请，应当在 15 日内作出工伤认定的决定

作出工伤认定决定需要以司法机关或者有关行政主管部门的结论为依据的，在司法机关或者有关行政主管部门尚未作出结论期间，作出工伤认定决定的时限中止。

4. 工伤保险待遇 [16 单选]

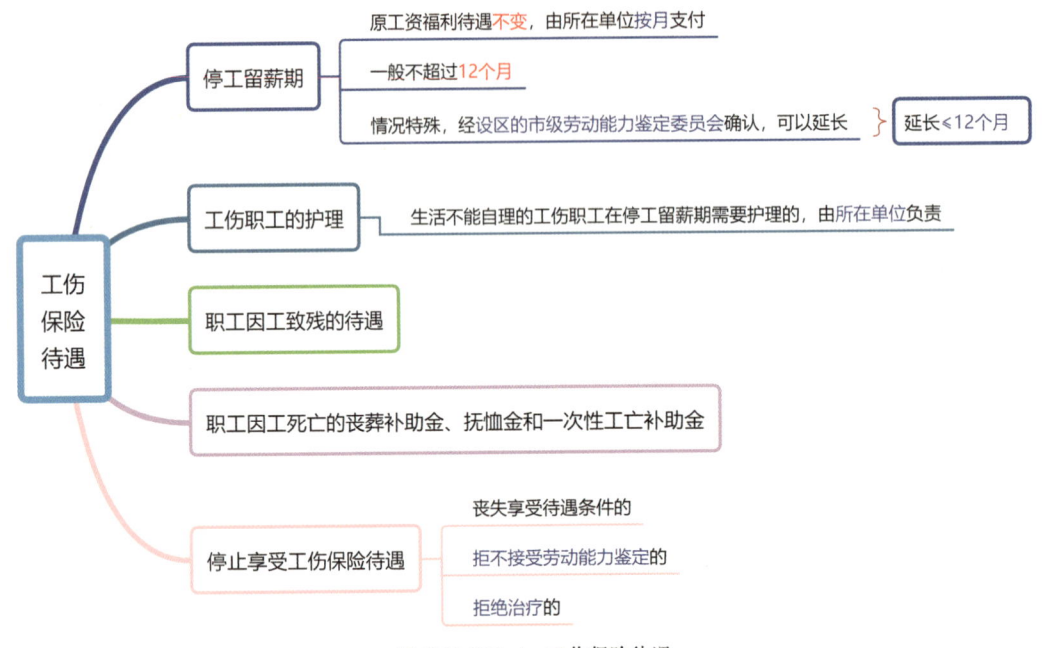

图 1Z306030-4　工伤保险待遇

 **本考点的命题方式为"关于 ×× 的说法，正确的是（　　　）"。**

5. 承担工伤保险责任单位 [18 年单选]

社会保险行政部门认定下列单位为承担工伤保险责任单位的，人民法院应予支持：
◆职工与两个或两个以上单位建立劳动关系，工伤事故发生时，职工为之工作的单位为承担工伤保险责任的单位；
◆劳务派遣单位派遣的职工在用工单位工作期间因工伤亡的，派遣单位为承担工伤保险责任的单位；
◆单位指派到其他单位工作的职工因工伤亡的，指派单位为承担工伤保险责任的单位；
◆用工单位违反法律、法规规定将承包业务转包给不具备用工主体资格的组织或者自然人，该组织或者自然人聘用的职工从事承包业务时因工伤亡的，用工单位为承担工伤保险责任的单位；
◆个人挂靠其他单位对外经营，其聘用的人员因工伤亡的，被挂靠单位为承担工伤保险责任的单位。

6. 针对建筑行业特点的工伤保险制度 [21 年单选]

◆按用人单位参保的建筑施工企业应以工资总额为基数依法缴纳工伤保险费。
◆以建设项目为单位参保的，可以按照项目工程总造价的一定比例计算缴纳工伤保险费。
◆建设单位要在工程概算中将工伤保险费用单独列支，作为不可竞争费，不参与竞标，并在项目开工前由施工总承包单位一次性代缴本项目工伤保险费，覆盖项目使用的所有职工，包括专业承包单位、劳务分包单位使用的农民工。

7. 建筑意外伤害保险的规定 [19 年单选，18 年多选]

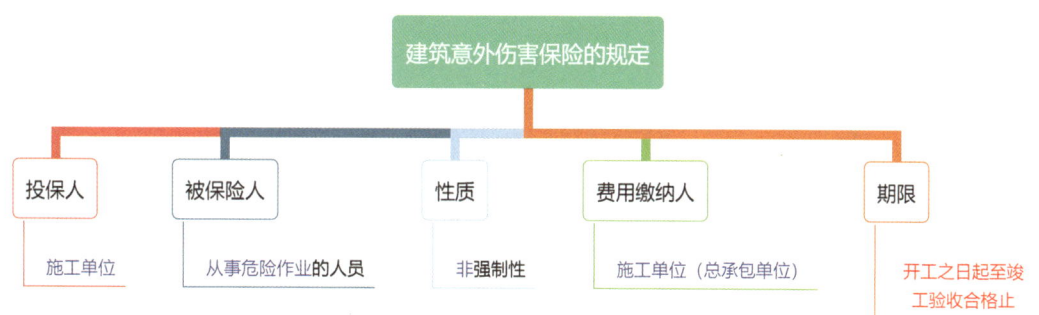

图 1Z306030-5　建筑意外伤害保险的规定

 提前竣工的，保险责任自行终止。因延长工期的，应当办理保险顺延手续。各地建设行政主管部门要结合本地区实际情况，确定合理的最低保险金额。

1Z306040 施工安全事故的应急救援与调查处理

【考点 1】生产安全事故的等级划分（☆☆☆☆）[13、15、21、22 年单选]

生产安全事故的等级划分　　　　表 1Z306040-1

等级	死亡 / 人	重伤 / 人	直接经济损失	划分要素
特别重大	≥ 30	≥ 100	≥ 1 亿元	人身、经济和社会
重大	10 ≤ 人 < 30	50 ≤ 人 < 100	5000 万元 ≤ 损失 < 1 亿元	
较大	3 ≤ 人 < 10	10 ≤ 人 < 50	1000 万元 ≤ 损失 < 5000 万元	
一般	< 3	人 < 10	< 1000 万元	

 （1）教材中所称的"以上"包括本数，所称的"以下"不包括本数，是特别要提示考生注意的地方，在此处用 ≥、< 和 ≤ 能更直观地提示考生注意，且方便记忆。

（2）四个事故等级中，较大事故等级考核的概率最大，且命题方式相对固定，通常给出伤亡人数和直接经济损失以分析判断事故属于哪一等级，命题方式举例如下：

某工程施工现场发生安全事故，造成 3 人死亡，直接经济损失 600 余万元，该事故属于（　　）。

【考点2】施工生产安全事故应急救援预案的规定（☆☆☆☆）

1. 生产经营单位应急预案的分类 [20年单选，20年多选]

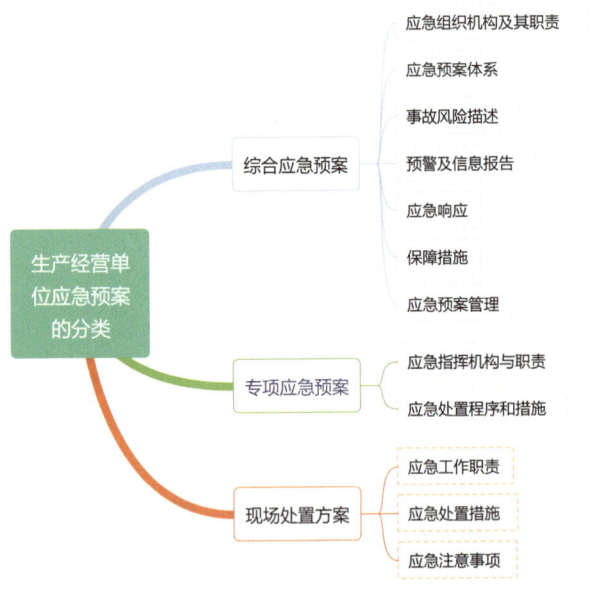

图 1Z306040-1　生产经营单位应急预案的分类

直击考点

本考点的命题方式主要有两种：
（1）根据《生产安全事故应急预案管理办法》，生产经营单位应急预案分为（　　）。
（2）根据《生产安全事故应急预案管理办法》，下列内容中，属于综合应急预案/专项应急预案/现场处置方案应当规定的内容是（　　）。

2. 施工生产安全事故应急预案的修订与演练 [17、18、21年多选]

施工生产安全事故应急预案的修订与演练　　　　表 1Z306040-2

项目	内容
应当及时修订的情形	（1）制定预案所依据的法律、法规、规章、标准发生重大变化。 （2）应急指挥机构及其职责发生调整。 （3）安全生产面临的风险发生重大变化。 （4）重要应急资源发生重大变化。 （5）在预案演练或者应急救援中发现需要修订预案的重大问题。 （6）其他应当修订的情形
演练	至少每半年组织 1 次

【考点3】施工生产安全事故报告及采取相应措施的规定（☆☆☆☆）

1. 事故报告的时间要求 [15年单选]

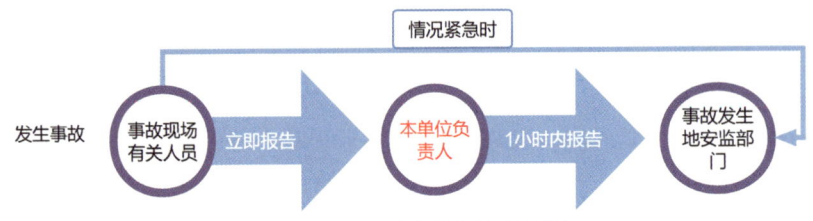

图 1Z306040-2　事故报告的时间要求

2. 报告事故的内容

◆事故发生单位概况。
◆事故发生的时间、地点以及事故现场情况。
◆事故的简要经过。
◆事故已经造成或者可能造成的伤亡人数（包括下落不明的人数）和初步估计的直接经济损失。
◆已经采取的措施。
◆其他应当报告的情况。

3. 事故补报的要求 [13、17、18 年单选，19 年多选]

◆事故报告后出现新情况的，应当及时补报。
◆自事故发生之日起 30 日内，事故造成的伤亡人数发生变化的，应当及时补报。
◆道路交通事故、火灾事故自发生之日起 7 日内，事故造成的伤亡人数发生变化的，应当及时补报。

 **本考点的命题方式举例如下：**
（1）根据《生产安全事故报告和调查处理条例》，应当补报的情形有（   ）。
（2）2017 年 7 月 1 日，某工程施工过程中发生坍塌事故，造成人员伤亡，次日在救援中找到 2 具尸体，另有 10 人受伤。根据《生产安全事故报告和调查处理条例》，该事故造成的伤亡人数发生变化应当补报的最迟日期为（   ）。
（3）根据《生产安全事故报告和调查处理条例》，除交通事故、火灾事故外的其他事故造成的伤亡人数发生变化的，应当自事故发生（   ）起及时补报。

4. 发生施工生产安全事故后应采取的相应措施 [19 年单选，16 年多选]

◆组织应急抢救工作。
◆妥善保护事故现场。
◆确因特殊情况需要移动事故现场物件的，须同时满足以下条件：
（1）抢救人员、防止事故扩大以及疏通交通的需要；
（2）经事故单位负责人或者组织事故调查的安全生产监督管理部门和负有安全生产监督管理职责的有关部门同意；
（3）作出标志，绘制现场简图，拍摄现场照片，对被移动物件贴上标签，并作出书面记录；
（4）尽量使现场少受破坏。

5. 事故调查的管辖 [22 年单选]

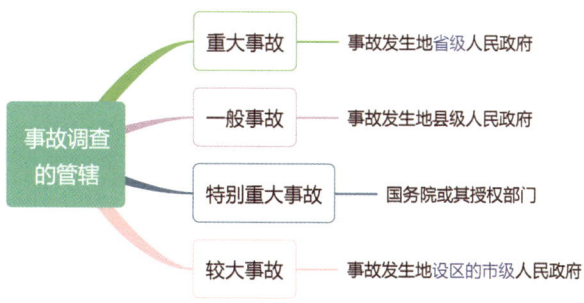

图 1Z306040-3 事故调查的管辖

6. 事故调查组的组成与职责 [13、15、22 年多选]

事故调查组的组成与职责　　　　　　　　　　　　　　　　表 1Z306040-3

项目	内容
组成	由有关人民政府、安全生产监督管理部门、负有安全生产监督管理职责的有关部门、监察机关、公安机关以及工会派人组成，并应当邀请人民检察院派人参加
职责	（1）查明事故发生的经过、原因、人员伤亡情况及直接经济损失。 （2）认定事故的性质和事故责任。 （3）提出对事故责任者的处理建议。 （4）总结事故教训，提出防范和整改措施。 （5）提交事故调查报告

7. 事故调查报告的期限与内容

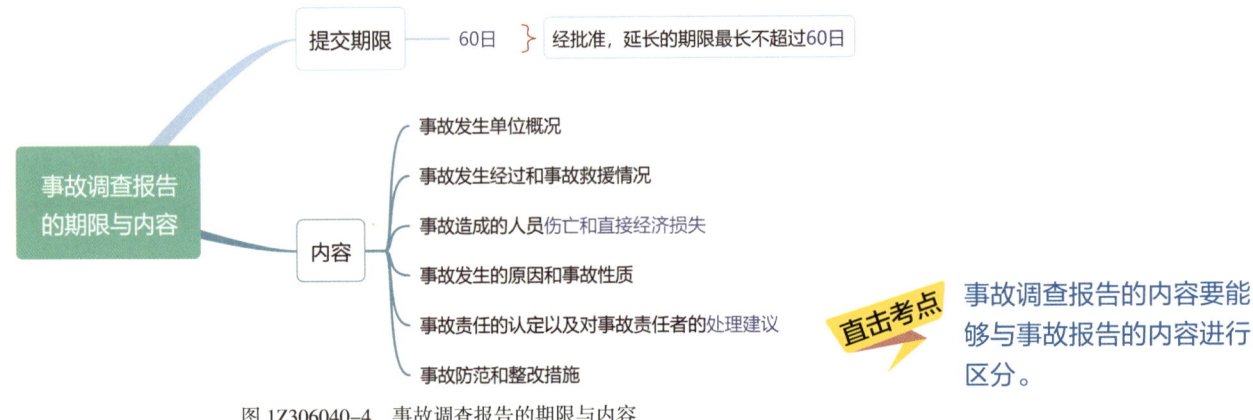

图 1Z306040-4　事故调查报告的期限与内容

直击考点　事故调查报告的内容要能够与事故报告的内容进行区分。

8. 事故处理时限和落实批复

◆重大事故、较大事故、一般事故，负责事故调查的人民政府应当自收到事故调查报告之日起 15 日内作出批复；特别重大事故，30 日内作出批复，特殊情况下，批复时间可以适当延长，但延长的时间最长不超过 30 日。

【考点 4】施工安全事故应急救援与调查处理违法行为应承担的法律责任（☆☆☆）

施工安全事故应急救援与调查处理违法行为应承担的法律责任　　　　表 1Z306040-4

违法行为	法律责任
生产经营单位的主要负责人在本单位发生生产安全事故时，不立即组织抢救或者在事故调查处理期间擅离职守或者逃匿的	给予降级、撤职的处分，并由应急管理部门处上一年年收入 60% 至 100% 的罚款；对逃匿的处 15 日以下拘留；构成犯罪的，依照刑法有关规定追究刑事责任
生产经营单位与从业人员订立协议，免除或者减轻其对从业人员因生产安全事故伤亡依法应承担的责任的，该协议无效	对生产经营单位的主要负责人、个人经营的投资人处 2 万元以上 10 万元以下的罚款
特种设备安全管理人员、检测人员和作业人员不履行岗位职责，违反操作规程和有关安全规章制度，造成事故的	吊销相关人员的资格

 （1）生产经营单位发生生产安全事故造成人员伤亡、他人财产损失的，应当依法承担赔偿责任；拒不承担或者其负责人逃匿的，由人民法院依法强制执行。

（2）事故发生单位主要负责人受到刑事处罚或者撤职处分的，自刑罚执行完毕或者受处分之日起，5 年内不得担任任何生产经营单位的主要负责人。

（3）本考点的命题方式举例如下：

1）生产经营单位与从业人员订立的免除或者减轻其对从业人员因生产安全事故伤亡责任的条款（　　　）。

2）根据《中华人民共和国特种设备安全法》，特种设备安全管理人员、检测人员和作业人员不履行岗位职责，违反操作规程和有关安全规章制度，造成事故，其应承担的法律责任是（　　　）。

1Z306050　建设单位和相关单位的建设工程安全责任制度

【考点 1】建设单位相关的安全责任（☆☆☆☆☆）
　　　　　　[16、18、19、20、21 年单选，13、17、20 年多选]

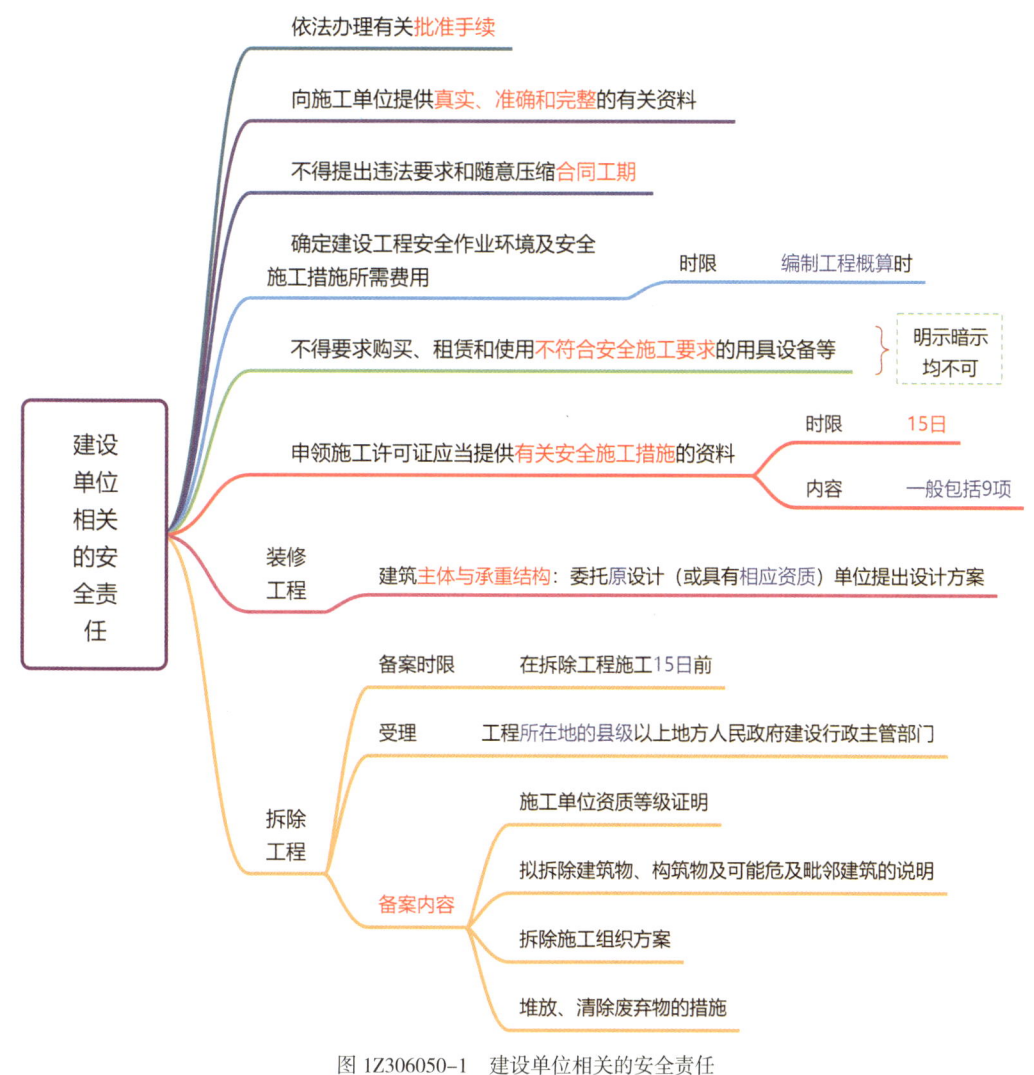

图 1Z306050-1　建设单位相关的安全责任

（1）建设单位应当向施工单位提供施工现场及毗邻区域内供水、排水、供电、供气、供热、通信、广播电视等地下管线资料，气象和水文观测资料，相邻建筑物和构筑物、地下工程的有关资料，并保证资料的真实、准确、完整。

（2）建设单位在申请领取施工许可证时，应当提供的建设工程有关安全施工措施资料，具体包括哪些也要有所掌握，可以作为多项选择题进行独立的考核。

（3）图1Z306050-1中涉及的"建筑主体和承重结构变动"，宜进行挖空作为单项选择题进行考核。

（4）建设单位相关的安全责任常与施工、设计、监理等单位的安全责任互为干扰选项进行多项选择题形式的考核。

【考点2】勘察、设计单位相关的安全责任（☆☆☆）[19年单选，14年多选]

勘察、设计单位相关的安全责任　　　　　　　　表 1Z306050-1

勘察单位的安全责任	设计单位的安全责任
（1）勘察单位应当按照法律、法规和工程建设强制性标准进行勘察。 （2）提供的勘察文件应当真实、准确，满足建设工程安全生产的需要	（1）按照法律、法规和工程建设强制性标准进行设计。 （2）提出防范生产安全事故的指导意见和措施建议。 （3）对设计成果承担责任

【考点3】工程监理单位相关的安全责任（☆☆☆）[13、14年单选，19年多选]

工程监理单位相关的安全责任　　　　　　　　表 1Z306050-2

项目	内容
对安全技术措施或专项施工方案进行审查	工程监理单位应当审查施工组织设计中的安全技术措施或者专项施工方案是否符合工程建设强制性标准
依法对施工安全事故隐患进行处理	发现存在安全事故隐患的，应当要求施工单位整改；情况严重的，应当要求施工单位暂时停止施工，并及时报告建设单位。 施工单位拒不整改或者不停止施工的，工程监理单位应当及时向有关主管部门报告
承担建设工程安全生产的监理责任	工程监理单位有下列行为之一的，责令限期改正；逾期未改正的，责令停业整顿，并处10万元以上30万元以下的罚款；情节严重的，降低资质等级，直至吊销资质证书；造成重大安全事故，构成犯罪的，对直接责任人员，依照刑法有关规定追究刑事责任；造成损失的，依法承担赔偿责任： （1）未对施工组织设计中的安全技术措施或者专项施工方案进行审查的； （2）发现安全事故隐患未及时要求施工单位整改或者暂时停止施工的； （3）施工单位拒不整改或者不停止施工，未及时向有关主管部门报告的； （4）未依照法律、法规和工程建设强制性标准实施监理的

【考点4】机械设备等单位相关的安全责任（☆☆☆☆☆）

1. 出租机械设备和施工机具及配件单位的安全责任 [14、15 年单选，16、18、21、22 年多选]

◆出租的机械设备和施工机具及配件，应当具有生产（制造）许可证、产品合格证。
◆出租单位应当对出租的机械设备和施工机具及配件的安全性能进行检测，在签订租赁协议时，应当出具检测合格证明。
◆有下列情形之一的建筑起重机械，不得出租、使用：
（1）属国家明令淘汰或者禁止使用的；
（2）超过安全技术标准或者制造厂家规定的使用年限的；
（3）经检验达不到安全技术标准规定的；
（4）没有完整安全技术档案的；
（5）没有齐全有效的安全保护装置的。
建筑起重机械有以上第（1）、（2）、（3）项情形之一的，出租单位或者自购建筑起重机械的使用单位应当予以报废，并向原备案机关办理注销手续。

 本考点为高频考点，重复考核概率较高，且命题方式较为固定。命题方式举例如下：
（1）根据《建设工程安全生产管理条例》，出租单位在签订机械设备租赁合同时，应当出具（　　）。
（2）根据《建设工程安全生产管理条例》，单位出租机械设备和施工机具及配件，应提供的证明有（　　）。
（3）根据《建筑起重机械安全监督管理规定》，下列建筑起重机械中，不得出租、使用的有（　　）。
（4）使用单位自购的建筑起重机械中，应当报废并向原备案机关办理注销手续的有（　　）。

2. 施工起重机械和自升式架设设施安装、拆卸单位的安全责任 [13、16、17、20、22 年单选]

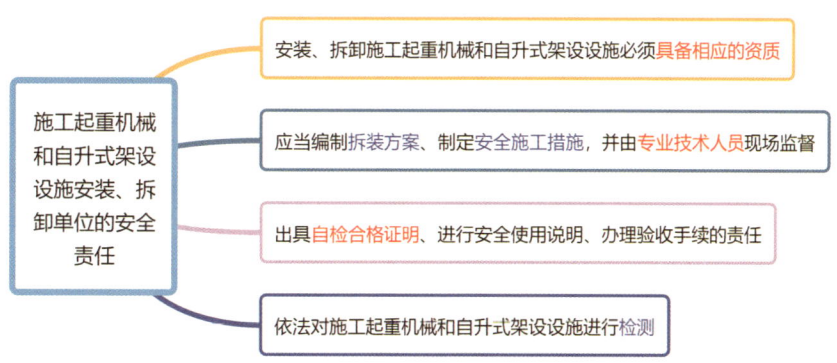

图 1Z306050-2　施工起重机械和自升式架设设施安装、拆卸单位的安全责任

 上述要点外，还要掌握安装单位应当履行的下列安全职责：
（1）按照安全技术标准及建筑起重机械性能要求，编制建筑起重机械安装、拆卸工程专项施工方案，并由本单位技术负责人签字。
（2）按照安全技术标准及安装使用说明书等检查建筑起重机械及现场施工条件。
（3）组织安全施工技术交底并签字确认。
（4）制定建筑起重机械安装、拆卸工程生产安全事故应急救援预案。
（5）将建筑起重机械安装、拆卸工程专项施工方案，安装、拆卸人员名单，安装、拆卸时间等材料报施工总承包单位和监理单位审核后，告知工程所在地县级以上地方人民政府建设主管部门。

3. 机械设备等单位违法行为应承担的法律责任 [18年单选]

机械设备等单位违法行为应承担的法律责任   表 1Z306050-3

违法行为	法律责任
出租单位出租未经安全性能检测或者经检测不合格的机械设备和施工机具及配件的	（1）责令停业整顿，并处 5 万元以上 10 万元以下的罚款。 （2）造成损失的，依法承担赔偿责任
施工起重机械和整体提升脚手架、模板等自升式架设设施安装、拆卸单位有下列行为之一的： （1）未编制拆装方案、制定安全施工措施的； （2）未由专业技术人员现场监督的； （3）未出具自检合格证明或者出具虚假证明的； （4）未向施工单位进行安全使用说明，办理移交手续的	（1）责令限期改正，处 5 万元以上 10 万元以下的罚款。 （2）情节严重的，责令停业整顿，降低资质等级，直至吊销资质证书。 （3）造成损失的，依法承担赔偿责任

【考点5】政府主管部门实施安全生产行政执法工作的法定职权（☆☆☆）

政府主管部门实施安全生产行政执法工作的法定职权   表 1Z306050-4

主管部门	权限
县级以上人民政府负有建设工程安全生产监督管理职责的部门	（1）要求被检查单位提供有关建设工程安全生产的文件和资料。 （2）进入被检查单位施工现场进行检查。 （3）纠正施工中违反安全生产要求的行为。 （4）对检查中发现的安全事故隐患，责令立即排除，重大安全事故隐患排除前或者排除过程中无法保证安全的，责令从危险区域内撤出作业人员或者暂时停止施工
负责特种设备安全监督管理的部门	（1）进入现场进行检查，向特种设备生产、经营、使用单位和检验、检测机构的主要负责人和其他有关人员调查、了解有关情况。 （2）根据举报或者取得的涉嫌违法证据，查阅、复制特种设备生产、经营、使用单位和检验、检测机构的有关合同、发票、账簿以及其他有关资料。 （3）对有证据表明不符合安全技术规范要求或者存在严重事故隐患的特种设备实施查封、扣押。 （4）对流入市场的达到报废条件或者已经报废的特种设备实施查封、扣押。 （5）对违反《中华人民共和国特种设备安全法》规定的行为作出行政处罚决定

（1）安全生产监督检查人员执行监督检查任务时的注意要点：必须出示有效的行政执法证件；对涉及被检查单位的技术秘密和业务秘密，应当为其保密。

（2）负有安全生产监督管理职责的部门在监督检查中，应当互相配合，实行联合检查；确需分别进行检查的，应当互通情况，发现存在的安全问题应当由其他有关部门进行处理的，应当及时移送其他有关部门并形成记录备查，接受移送的部门应当及时进行处理。

（3）负责特种设备安全监督管理的部门实施安全监督检查时，应当有 2 名以上特种设备安全监察人员参加，并出示有效的特种设备安全行政执法证件。

（4）负有安全生产监督管理职责的部门依照规定采取停止供电措施，除有危及生产安全的紧急情形外，应当提前 24 小时通知生产经营单位。

1Z307000 建设工程质量法律制度

1Z307010 工程建设标准

【考点1】工程建设标准的分类（☆☆☆☆☆）

1. 工程建设标准的分类

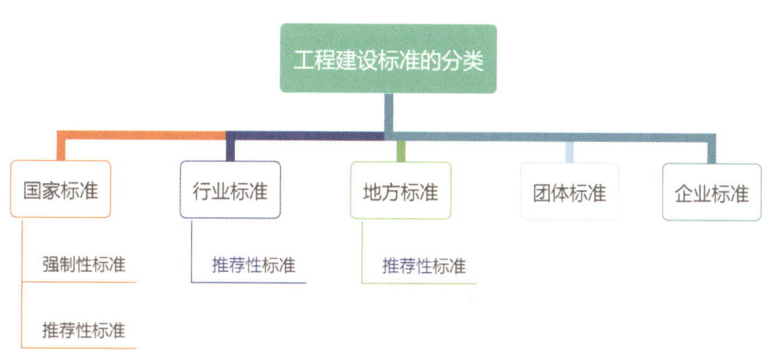

图 1Z307010-1   工程建设标准的分类

2. 工程建设国家标准的类型和范围 [14 年单选，13、15、17、22 年多选]

工程建设国家标准的类型和范围   表 1Z307010-1

项目	范围
应当制定 国家标准	（1）工程建设勘察、规划、设计、施工（包括安装）及验收等通用的质量要求。 （2）工程建设通用的有关安全、卫生和环境保护的技术要求。 （3）工程建设通用的术语、符号、代号、量与单位、建筑模数和制图方法。 （4）工程建设通用的试验、检验和评定等方法。 （5）工程建设通用的信息技术要求。 （6）国家需要控制的其他工程建设通用的技术要求。法律另有规定的，依照法律的规定执行
强制性标准	（1）工程建设勘察、规划、设计、施工（包括安装）及验收等通用的综合标准和重要的通用的质量标准。 （2）工程建设通用的有关安全、卫生和环境保护的标准。 （3）工程建设重要的通用的术语、符号、代号、量与单位、建筑模数、制图方法标准。 （4）工程建设重要的通用的试验、检验和评定方法等标准。 （5）工程建设重要的通用的信息技术标准。 （6）国家需要控制的其他工程建设通用的标准

（1）应当制定国家标准的范围均为通用，属于强制性标准的范围均为重要的通用。

（2）强制性标准以外的标准是推荐性标准。推荐性标准，国家鼓励企业自愿采用。

（3）本考点常以多项选择题的形式对强制性标准进行重复考核。

3. 工程建设国家标准的制定 [21年单选，20年多选]

◆ 国务院标准化行政主管部门负责强制性国家标准的立项、编号和对外通报。
◆ 省、自治区、直辖市人民政府标准化行政主管部门可以向国务院标准化行政主管部门提出强制性国家标准的立项建议，由国务院标准化行政主管部门会同国务院有关行政主管部门决定。

4. 工程建设国家标准的批准发布和编号 [20、22年单选]

◆ 强制性国家标准由国务院批准发布或者授权批准发布。
◆ 推荐性国家标准由国务院标准化行政主管部门统一批准、编号，以公告形式发布。
◆ 国务院标准化行政主管部门应当自发布之日起20日内在全国标准信息公共服务平台上免费公开强制性国家标准文本。强制性国家标准的解释与标准具有同等效力。

5. 工程建设行业标准的范围和制定 [22年单选]

◆ 工程建设勘察、规划、设计、施工（包括安装）及验收等行业专用的质量要求。
◆ 工程建设行业专用的有关安全、卫生和环境保护的技术要求。
◆ 工程建设行业专用的术语、符号、代号、量与单位和制图方法。
◆ 工程建设行业专用的试验、检验和评定等方法。
◆ 工程建设行业专用的信息技术要求。
◆ 其他工程建设行业专用的技术要求。

 行业标准由国务院有关行政主管部门制定，报国务院标准化行政主管部门备案。注意行业标准与国家标准的明显区分，一个是"专用"一个是"通用"。

6. 工程建设团体标准 [19、20年单选]

工程建设团体标准　　　　　　　　　　　　　　　　　　　　表 1Z307010-2

项目	内容
基本要求	（1）国家支持在重要行业、战略性新兴产业、关键共性技术等领域利用自主创新技术制定团体标准、企业标准。 （2）禁止利用团体标准实施妨碍商品、服务自由流通等排除、限制市场竞争的行为。 （3）团体标准的技术要求不得低于强制性标准的相关技术要求。 （4）国家鼓励社会团体制定高于推荐性标准相关技术要求的团体标准；鼓励制定具有国际领先水平的团体标准
制定的程序	提案→立项→起草→征求意见→技术审查→批准→编号→发布→复审

（1）要注意上述涉及"禁止""不得""高于"等限定词，其常以反向表述作为干扰选项进行考核。
（2）关于制定程序可能会选择其中几项来让考生分析判断是否正确。
（3）本考点的命题方式多为：关于团体标准的说法，正确的是（　　）。

7. 工程建设企业标准 [19、21 年单选，21 年多选]

◆推荐性国家标准、行业标准、地方标准、团体标准、企业标准的技术要求不得低于强制性国家标准的相关技术要求。
◆国家鼓励社会团体、企业制定高于推荐性标准相关技术要求的团体标准、企业标准。
◆国家实行团体标准、企业标准自我声明公开和监督制度。
◆企业应当公开其执行的强制性标准、推荐性标准、团体标准或者企业标准的编号和名称；企业执行自行制定的企业标准的，还应当公开产品、服务的功能指标和产品的性能指标。
◆国家鼓励团体标准、企业标准通过标准信息公共服务平台向社会公开。

（1）同样要注意上述涉及"不得""高于"等的限定词，其常以反向表述作为干扰选项进行考核。
（2）本考点的命题方式主要有如下两种：
1）关于工程建设企业标准的说法，正确的是（　　）。
2）提供产品和服务的企业执行自行制定的企业标准，应当公开的内容有（　　）。

【考点2】工程建设强制性标准实施的规定（☆☆☆☆）

1. 工程建设各方主体实施强制性标准的规定 [15 年单选]

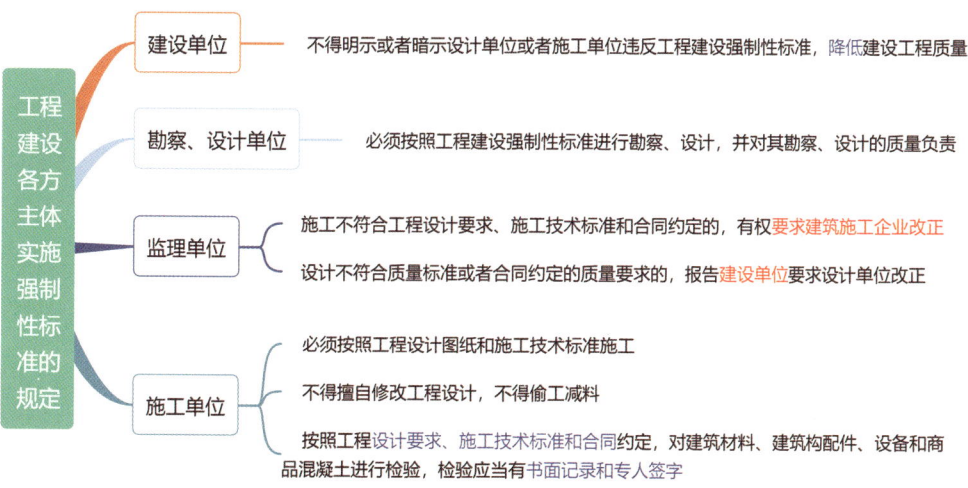

图 1Z307010-2　工程建设各方主体实施强制性标准的规定

建筑设计单位和建筑施工企业对建设单位违反规定提出的降低工程质量的要求，应当予以拒绝。

2. 强制性标准监督管理机构及分工 [13年单选]

强制性标准监督管理机构及分工　　　表 1Z307010-3

机构	分工
国务院住房和城乡建设主管部门	全国实施工程建设强制性标准的监督管理工作
国务院有关主管部门	按照国务院的职能分工负责实施工程建设强制性标准的监督管理工作
县级以上地方人民政府住房和城乡建设主管部门	本行政区域内实施工程建设强制性标准的监督管理工作
建设项目规划审查机构	对工程建设规划阶段执行强制性标准的情况实施监督
施工图设计文件审查单位	应当对工程建设勘察、设计阶段执行强制性标准的情况实施监督
建筑安全监督管理机构	对工程建设施工阶段执行施工安全强制性标准的情况实施监督
工程质量监督机构	对工程建设施工、监理、验收等阶段执行强制性标准的情况实施监督

3. 强制性标准监督检查的内容和方式 [17年单选，16、19年多选]

强制性标准监督检查的内容和方式　　　表 1Z307010-4

项目	内容
监督检查的内容	（1）有关工程技术人员是否熟悉、掌握强制性标准。 （2）工程项目的规划、勘察、设计、施工、验收等是否符合强制性标准的规定。 （3）工程项目采用的材料、设备是否符合强制性标准的规定。 （4）工程项目的安全、质量是否符合强制性标准的规定。 （5）工程中采用的导则、指南、手册、计算机软件的内容是否符合强制性标准的规定
检查主体	工程建设标准批准部门应当对工程项目执行强制性标准情况进行监督检查
方式	（1）重点检查。 （2）抽查。 （3）专项检查

 关于监督检查的内容的命题方式，通常为"根据《实施工程建设强制性标准监督规定》，属于/不属于强制性标准监督检查内容的有（　　　）"。

102

1Z307020 施工单位的质量责任和义务

【考点1】对施工质量负责和总分包单位的质量责任（☆☆☆☆）
[13、18、20、21年单选，13、19年多选]

对施工质量负责和总分包单位的质量责任　　　　表 1Z307020-1

项目	质量责任
总承包单位	（1）建设工程实行总承包的，总承包单位应当对全部建设工程质量负责。 （2）建设工程勘察、设计、施工、设备采购的一项或者多项实行总承包的，总承包单位应当对其承包的建设工程或者采购的设备的质量负责。 （3）总承包单位依法将建设工程分包给其他单位的，总承包单位与分包单位对分包工程的质量承担连带责任
分包单位	（1）分包单位应当按照分包合同的约定对其分包工程的质量向总承包单位负责。 （2）分包单位应当接受总承包单位的质量管理

连带责任记于心，万变题型迎刃解。本考点的主要命题方式举例如下：
（1）关于施工总承包单位与分包单位对建设工程承担质量责任的说法，正确的有（　　）。
（2）分包工程发生质量问题时，关于总分包单位质量责任的说法，正确的是（　　）。
（3）建筑工程分包企业应当接受（　　）的质量管理。
（4）甲施工总承包企业承包某工程项目，将该工程的专业工程分包给乙企业，乙企业再将专业工程的劳务作业分包给丙企业，工程完工后，上述专业工程质量出现问题。经调查，是由于丙企业施工作业不规范导致，则该专业工程的质量责任应当由（　　）。

【考点2】按照工程设计图纸和施工技术标准施工的规定（☆☆☆☆）
[16、17、19年单选，13年多选]

◆ 建筑施工企业必须按照工程设计图纸和施工技术标准施工，不得偷工减料。
◆ 工程设计的修改由原设计单位负责，建筑施工企业不得擅自修改工程设计。
◆ 施工单位在施工过程中发现设计文件和图纸有差错的，应当及时提出意见和建议。

（1）按图施工、不擅自修改设计，是施工单位保证工程质量的最基本要求。
（2）本考点的主要命题方式举例如下：
1）施工企业在施工过程中，发现设计文件和图纸有差错的应当（　　）。
2）施工合同履行过程中，监理工程师向承包人发出了提高混凝土等级的通知，施工图纸中标明该部位的混凝土强度标准为30MPa。对该单位工程应以（　　）为标准进行质量验收。
3）在施工过程中施工技术人员发现设计图纸不符合技术标准，施工技术人员应（　　）。

【考点3】施工检测的见证取样和送检制度（☆☆☆☆☆）

1. 见证取样和送检 [13、15、19、22年单选，13、15、17、20年多选]

见证取样和送检　　　　　　　　　　　　　表 1Z307020-2

项目	内容
监督主体	应当在建设单位或者工程监理单位监督下现场取样
取样和送检比例	涉及结构安全的试块、试件和材料见证取样和送检的比例不得低于有关技术标准中规定应取样数量的 30%
必须实施见证取样和送检的试块、试件和材料	（1）用于承重结构的混凝土试块。 （2）用于承重墙体的砌筑砂浆试块。 （3）用于承重结构的钢筋及连接接头试件。 （4）用于承重墙的砖和混凝土小型砌块。 （5）用于拌制混凝土和砌筑砂浆的水泥。 （6）用于承重结构的混凝土中使用的掺加剂。 （7）地下、屋面、厕浴间使用的防水材料。 （8）国家规定必须实行见证取样和送检的其他试块、试件和材料
见证和取样人员	（1）见证人员应由建设单位或该工程的监理单位中具备施工试验知识的专业技术人员担任，并由建设单位或该工程的监理单位书面通知施工单位、检测单位和负责该项工程的质量监督机构。 （2）取样人员应在试样或其包装上作出标识、封志。标识和封志应标明工程名称、取样部位、取样日期、样品名称和样品数量，并由见证人员和取样人员签字。 （3）见证人员和取样人员应对试样的代表性和真实性负责

（1）必须实施见证取样和送检的试块、试件和材料的范围多以多项选择题形式进行命题，其记忆要素归纳为：称重、水泥、防水。

（2）标识和封志应标明的具体内容有哪些也是多项选择题考核的要点。

（3）本考点也会以"关于建设工程见证取样和送检的说法，正确的是（　　　）"的命题形式进行综合性的考核。

（4）建筑施工企业必须按照工程设计要求、施工技术标准和合同的约定，对建筑材料、建筑构配件和设备进行检验，不合格的不得使用。

2. 工程质量检测单位的资质和检测规定 [13、20年单选，14、18、21年多选]

工程质量检测单位的资质和检测规定　　　　　　　表 1Z307020-3

项目	内容
检测机构	（1）是具有独立法人资格的中介机构。 （2）分为专项检测机构资质和见证取样检测机构资质。 （3）具有相应资质。 （4）不得与行政机关，法律、法规授权的具有管理公共事务职能的组织以及所检测工程项目相关的设计单位、施工单位、监理单位有隶属关系或者其他利害关系。

续表

项目	内容
检测机构	（5）如果检测结果利害关系人对检测结果发生争议的，可由双方共同认可的机构复检，复检结果由提出复检方报当地建设主管部门备案。 （6）应当将检测过程中发现的建设单位、监理单位、施工单位违反有关法律、法规和工程建设强制性标准的情况，以及涉及结构安全检测结果的不合格情况，及时报告工程所在地建设主管部门。 （7）检测机构应当建立档案管理制度，并应当单独建立检测结果不合格项目台账。 （8）不得转包检测业务
检测机构的人员	（1）不得同时受聘于两个或以上的检测机构。 （2）不得推荐或监制建筑材料、构（配）件和设备
检测报告	（1）检测报告经检测人员签字、检测机构法定代表人或者其授权的签字人签署，并加盖检测机构公章或者检测专用章后方可生效。 （2）检测报告经建设单位或者工程监理单位确认后，由施工单位归档

（1）要注意上述要点中几处包含"不得怎样"的要点，是要点更是易错点，其常以反向表述作为干扰选项进行考核。

（2）本考点多以"关于建设工程质量检测／检测机构的说法，正确／错误的有（　　）"的命题形式进行综合性的考核。

【考点4】施工质量检验和返修的规定（☆☆☆☆）
［13、14、15、16、17、18年单选，22年多选］

施工质量检验和返修的规定　　　　　　　　　　　　　　表 1Z307020-4

项目	内容
施工质量检验制度	施工单位必须建立、健全施工质量的检验制度。 隐蔽工程在隐蔽前，施工单位应当通知建设单位和建设工程质量监督机构
建设工程的返修	（1）施工单位对施工中出现质量问题的建设工程或者竣工验收不合格的建设工程，应当负责返修。 （2）对于非施工单位原因造成的质量问题，施工单位也应当负责返修，但是因此而造成的损失及返修费用由责任方负责

（1）返修作为施工单位的法定义务，包括施工过程中出现质量问题的建设工程和竣工验收不合格的建设工程两种情形。

（2）本考点的主要命题方式举例如下：

1）对于非施工单位原因造成的质量问题，施工单位也应负责返修，造成的损失及返修费用最终由（　　）负责。

2）关于建设工程返修中法律责任的说法，正确的是（　　）。

3）根据《建设工程质量管理条例》，隐蔽工程在隐蔽前施工，企业应当及时通知的单位有（　　）。

【考点5】项目经理违法行为应承担的法律责任（☆☆☆）[22年单选，16年多选]

◆符合下列情形之一的，县级以上地方人民政府住房和城乡建设主管部门应当依法追究项目负责人的质量终身责任：

（1）发生工程质量事故；

（2）发生投诉、举报、群体性事件、媒体报道并造成恶劣社会影响的严重工程质量问题；

（3）由于勘察、设计或施工原因造成尚在设计使用年限内的建筑工程不能正常使用；

（4）存在其他需追究责任的违法违规行为。

◆对施工单位项目经理按以下方式进行责任追究：

（1）项目经理为相关注册执业人员的，责令停止执业 1 年；造成重大质量事故的，吊销执业资格证书，5 年以内不予注册；情节特别恶劣的，终身不予注册。

（2）构成犯罪的，移送司法机关依法追究刑事责任。

（3）处单位罚款数额 5%以上 10%以下 的罚款。

（4）向社会公布曝光。

1Z307030 建设单位及相关单位的质量责任和义务

【考点1】建设单位相关的质量责任和义务（☆☆☆☆☆）
[14、15、19、20、21、22年单选，15、16、18、19、22年多选]

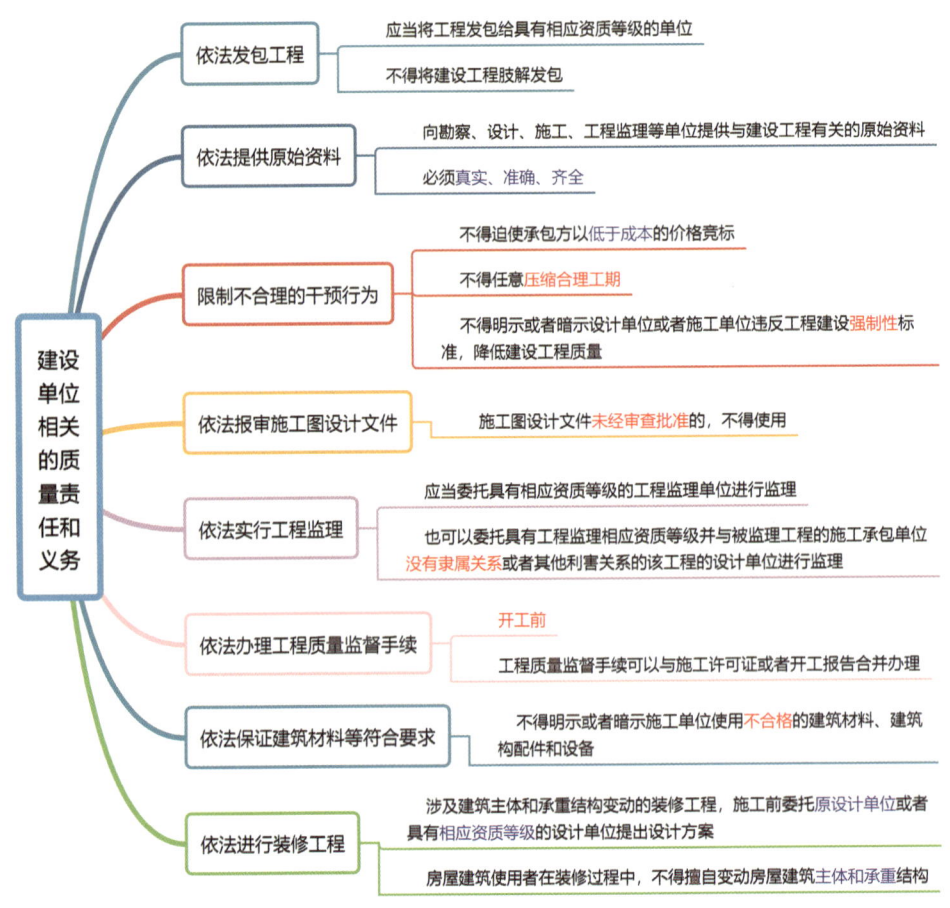

图 1Z307030-1　建设单位相关的质量责任和义务

（1）要注意上述涉及多处"不得"的限定字样，其常以反向表述作为干扰选项进行考核。

（2）关于建设单位办理工程质量监督手续，还应掌握其应提供的以下文件和资料：

1）工程规划许可证；

2）设计单位资质等级证书；

3）监理单位资质等级证书，监理合同及《工程项目监理登记表》；

4）施工单位资质等级证书及营业执照副本；

5）工程勘察设计文件；

6）中标通知书及施工承包合同等。

（3）必须实行监理的五类建设工程考生也要有所掌握，掌握关键词：国家重点、大中型公用、成片开发、外国政府贷款即可。

（4）建筑工程五方责任主体项目负责人是指哪几个人，也是需要掌握的要点。

（5）本考点的主要命题方式举例如下：

1）关于必须实行监理的建设工程的说法，正确的是（　　　）。

2）下列文件资料中，属于建设单位办理工程质量监督手续应当提交的有（　　　）。

3）根据《建设工程质量管理条例》，下列文件中，未经审查批准，不得使用的是（　　　）。

4）根据《建设工程质量管理条例》，关于建设单位办理工程质量监督手续的说法，正确的是（　　　）。

5）下列项目，要求必须有监理的是（　　　）。

【考点2】勘察、设计单位相关的质量责任和义务（☆☆☆☆☆）
[13、14、16、17、19、20 年单选，13、14、22 年多选]

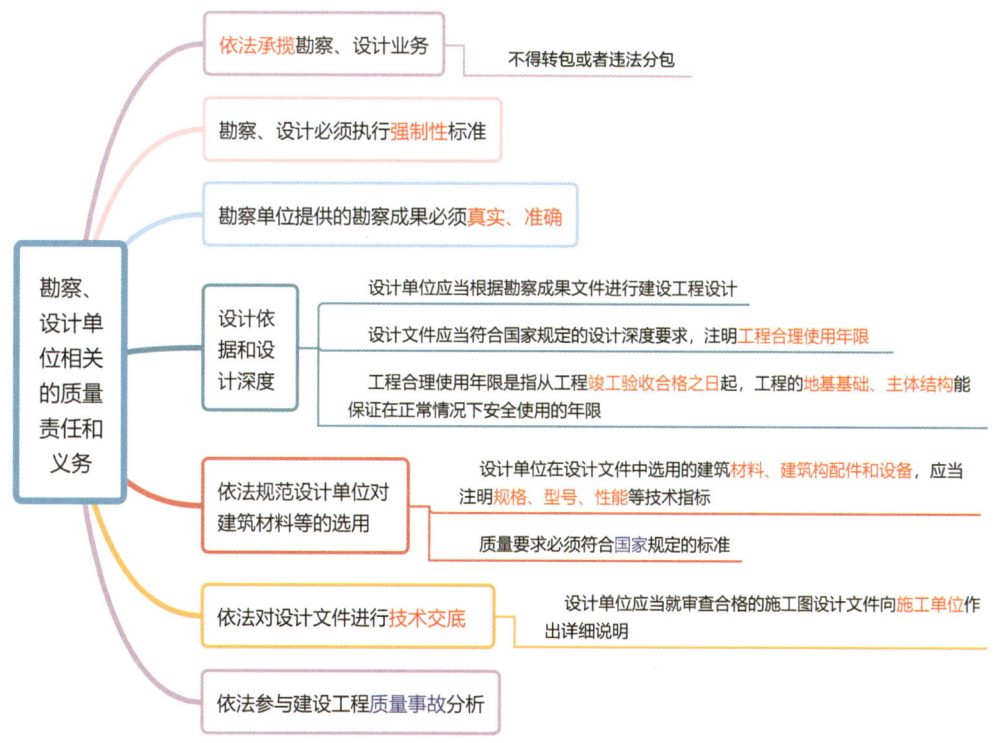

图 1Z307030-2　勘察、设计单位相关的质量责任和义务

（1）勘察、设计单位不得转包或者违法分包所承揽的工程。

（2）注册建筑师、注册结构工程师等注册执业人员应当在设计文件上签字，对设计文件负责。

（3）本考点多以"关于××的说法，正确/错误的有（　　）"的命题形式进行综合性的考核。也有少数年份会进行填空式的命题方式。

【考点3】工程监理单位相关的质量责任和义务（☆☆☆☆☆）
[13、21年单选，17、20年多选]

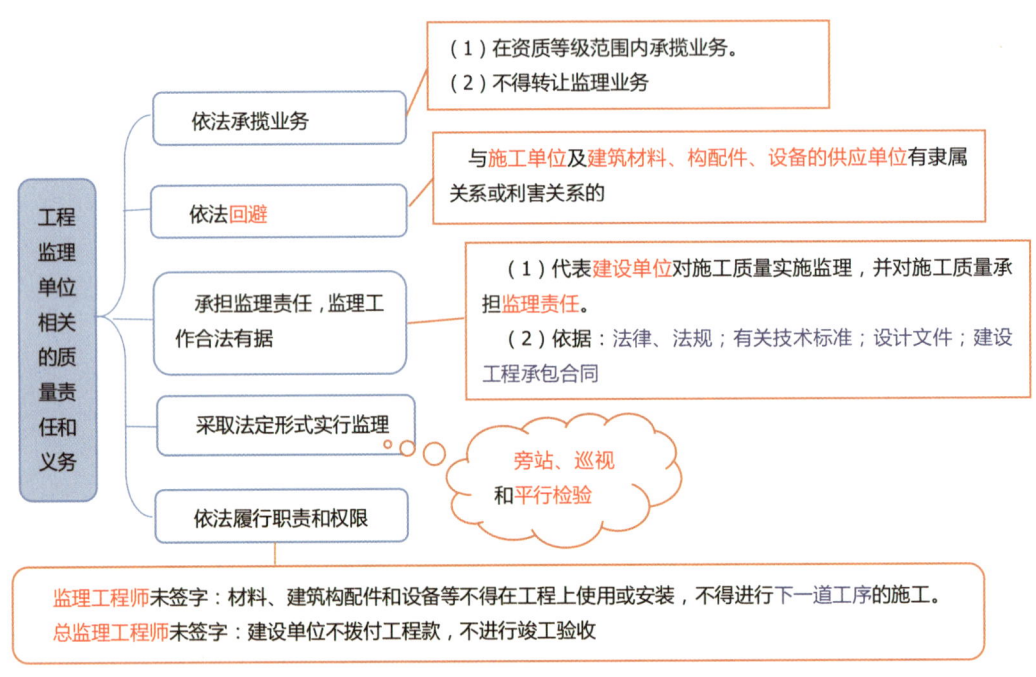

图 1Z307030-3　工程监理单位相关的质量责任和义务

（1）工程监理实行总监理工程师负责制。监理单位对施工质量承担监理责任，包括违约责任和违法责任两个方面。

（2）对"有隶属关系或其他利害关系的回避"命题形式如下：

1）下列被监理工程的单位中，可以与监理单位存在隶属关系的是（　　）。

2）根据《建设工程质量管理条例》，工程监理单位不得与被监理工程的（　　）有隶属关系或者其他利害关系。

【考点4】政府主管部门工程质量监督管理的相关规定（☆☆☆）
[13、18年单选]

◆政府必须加强对建设工程质量的监督管理。

◆县级以上人民政府建设行政主管部门和其他有关部门履行监督检查职责时，有权采取下列措施：

（1）要求被检查的单位提供有关工程质量的文件和资料；

（2）进入被检查单位的施工现场进行检查；

（3）发现有影响工程质量的问题时，责令改正。

◆建设工程发生质量事故，有关单位应当在24小时内向当地建设行政主管部门和其他有关部门报告。

1Z307040 建设工程竣工验收制度

【考点1】竣工验收的主体和法定条件（☆☆☆☆）

1. 建设工程竣工验收的主体 [15、18年单选]

◆**建设单位**收到建设工程竣工报告后，应当组织设计、施工、工程监理等有关单位进行竣工验收。

2. 竣工验收应当具备的法定条件 [13年单选，16、21年多选]

竣工验收应当具备的法定条件　　　　　　　　　表 1Z307040-1

建设工程竣工验收应具备的条件	记忆关键词		
（1）完成建设**工程设计和合同**约定的各项内容	"实体硬件"		
（2）有完整的**技术档案和施工管理资料**	"软件"		
（3）有工程使用的**主要建筑材料、建筑构配件和设备**的**进场试验报告**	试验报告		
（4）有勘察、设计、施工、工程监理等单位**分别签署**的**质量合格文件**	质量合格文件	**口助诀记**	约定各项完成，资料合格完整，进场报告有保证（质量保修书）。
（5）有施工单位签署的**工程保修书**	保修书		

（1）本考点的真题题干设置如出一辙，通常为：
1）根据《建设工程质量管理条例》，属于建设工程竣工验收应当具备的条件有（　　）。
2）根据《建设工程质量管理条例》，建设工程竣工验收应当具备的条件不包括（　　）。
（2）工程技术档案和施工管理资料是工程竣工验收和质量保证的重要依据之一，主要包括的九项档案和资料也可以作为多项选择题的考点进行掌握。

【考点2】施工单位应提交的档案资料（☆☆☆）

◆建设单位应当在工程竣工验收后 3 个月内，向城建档案馆报送一套符合规定的建设工程档案。

【考点3】规划、消防、节能、环保等验收的规定（☆☆☆）

1. 建设工程竣工规划验收 [19、20年单选]

◆ 未经核实或者经核实不符合规划条件的，建设单位**不得**组织竣工验收。建设单位应当在竣工验收后**6个月**内向**城乡规划主管部门**报送有关竣工验收资料。

◆ 建设工程竣工后，**建设单位**应当依法向**城乡规划行政主管部门**提出竣工规划验收申请，由城乡规划行政主管部门按照**选址意见书、建设用地规划许可证、建设工程规划许可证、乡村建设规划许可证**及其有关规划的要求，对建设工程进行规划验收。

◆ 对于验收合格的，由**城乡规划行政主管部门**出具**规划认可文件**或核发**建设工程竣工规划验收合格证**。

2. 建筑工程节能验收 [22年单选]

建筑工程节能验收　　　　　　　　　　　表 1Z307040-2

项目		内容
建筑节能分部工程验收的组织	节能工程	检验批验收和隐蔽工程验收应由**监理工程师**主持，施工单位相关专业的质量检查员与施工员参加
	节能分项工程	验收应由**监理工程师**主持，施工单位项目技术负责人和相关专业的质量检查员、施工员参加；必要时可邀请设计单位相关专业的人员参加
	节能分部工程	验收应由**总监理工程师**（建设单位项目负责人）主持，施工单位项目经理、项目技术负责人和相关专业的质量检查员、施工员参加；施工单位的质量或技术负责人应参加，设计单位节能设计人员应参加
建筑节能工程验收的程序		施工单位自检评定→监理单位进行节能工程质量评估→建筑节能分部工程验收→施工单位按验收意见进行整改→节能工程验收结论→验收资料归档

 本考点在建筑实务中较容易进行考核，验收由谁组织，有哪些人参加一定不能缺漏，否则应重新组织验收。

【考点4】竣工结算、质量争议的规定（☆☆☆☆☆）

1. 工程竣工结算方式

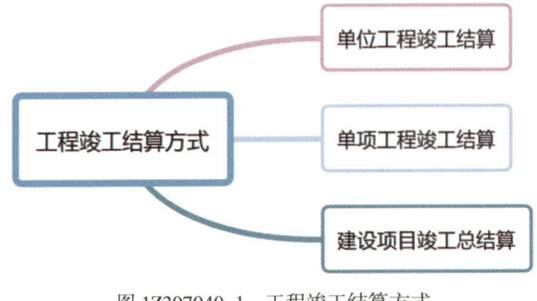

图 1Z307040-1　工程竣工结算方式

2. 竣工结算文件的编审

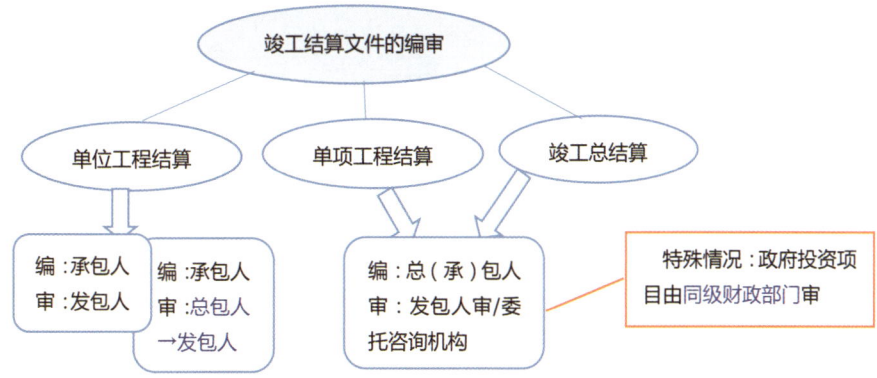

图 1Z307040-2　竣工结算文件的编审

 虽为考核空白点，但可能会进行单项选择题的考核。

3. 竣工结算文件的审查期限 [21 年单选]

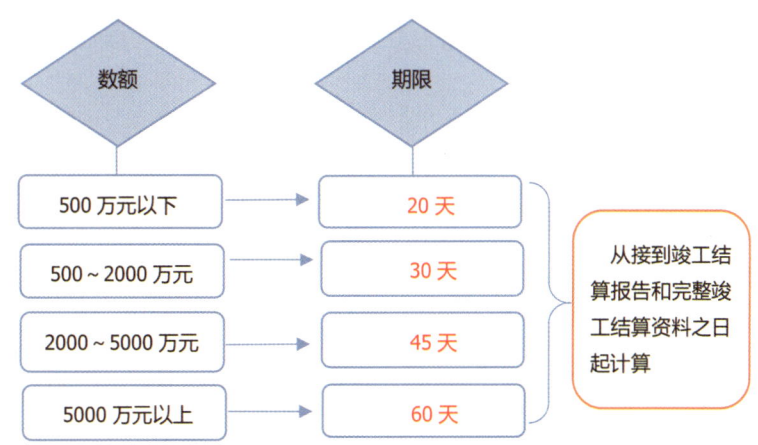

图 1Z307040-3　竣工结算文件的审查期限

 建设项目竣工总结算在最后一个单项工程竣工结算审查确认后 15 天内汇总，送发包人后 30 天内审查完成。

4. 未按规定时限办理事项以及工程价款结算争议处理

未按规定时限办理事项以及工程价款结算争议处理　　　　　　　　　　表 1Z307040-3

项目	内容
未按规定时限办理事项的处理	承包人如未在规定时间内提供完整的工程竣工结算资料，经发包人催促后 14 天内仍未提供或没有明确答复，发包人有权根据已有资料进行审查，责任由承包人自负
工程价款结算争议处理	因设计变更导致建设工程的工程量或者质量标准发生变化，当事人对该部分工程价款不能协商一致的，可以参照签订建设工程施工合同时当地建设行政主管部门发布的计价方法或者计价标准结算工程价款

5. 竣工工程质量争议的处理 [13、16、17、18、19、20、21 年单选，14、15、17、19 年多选]

竣工工程质量争议的处理　　　　　　　　　　　　表 1Z30740-4

类别	责任原因及产生后果	责任承担
承包方责任	因施工人的原因致使建设工程质量不符合约定的	承包方在合理期限内无偿修理、返工或改建
发包方责任	发包人： （1）提供的设计有缺陷； （2）提供或者指定购买的建筑材料、建筑构配件、设备不符合强制性标准； （3）直接指定分包人分包专业工程	发包人承担相应过错责任
未经竣工验收擅自使用	工程未经竣工验收，发包人擅自使用且使用部分质量不合约定	发包人以此为由主张权利的，不予支持

承包人仍应对地基基础和主体结构工程的质量承担民事责任

（1）本考点几乎为历年必考点，关于发包人责任的处理通常以多项选择题的形式进行考核，未经竣工验收擅自使用的处理多以单项选择题的形式进行考核，但考核难度不大，记住表中的关键词即可轻松应对。

（2）本考点的主要命题方式举例如下：

1）根据《最高人民法院关于审理建设工程施工合同纠纷案件适用法律问题的解释（一）》，发包人的下列行为中，造成建设工程质量缺陷，应当承担过错责任的有（　　　）。

2）建设工程未经竣工验收，发包人擅自使用后，在建设工程的合理使用寿命内对地基基础工程和主体结构质量承担民事责任的主体是（　　　）。

3）建设工程未经竣工验收，发包人擅自使用后工程出现质量问题。关于该质量责任承担的说法，正确的是（　　　）。

4）建设单位因急于投产，擅自使用了未经竣工验收的工程。使用过程中，建设单位发现该工程主体结构出现质量缺陷，遂以质量不符合约定为由将施工单位诉至人民法院。关于该合同纠纷的说法，正确的有（　　　）。

5）关于竣工工程质量问题处理的方法，正确的是（　　　）。

【考点 5】竣工验收备案的时间及须提交的文件（☆☆☆）[13 年多选]

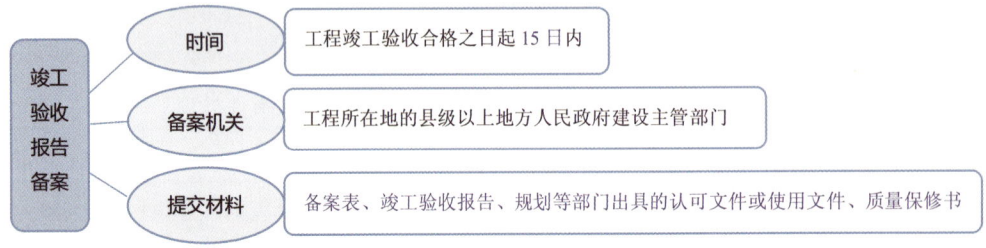

图 1Z307040-4　竣工验收备案的时间及须提交的文件

住宅工程还应当提交《住宅质量保证书》《住宅使用说明书》。

1Z307050 建设工程质量保修制度

【考点1】质量保修书和最低保修期限的规定（☆☆☆☆☆）

1. 建设工程质量保修书 [13、15、17 年单选]

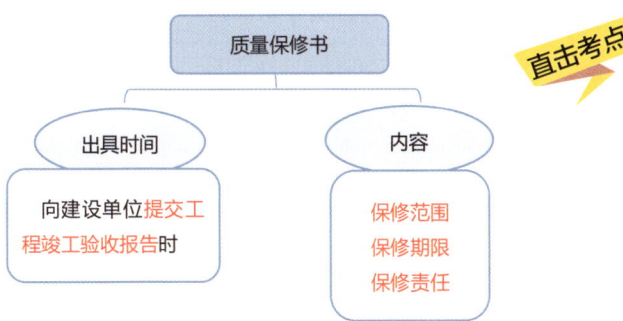

图 1Z307050-1　建设工程质量保修书

（1）注意：不同类型的建设工程，其保修范围有所不同。
（2）本考点的主要命题方式举例如下：
1）根据《建设工程质量管理条例》，建设工程承包单位应当向建设单位出具质量保修书的时间是（　　　）。
2）房屋建筑工程质量保修书的内容一般包括（　　　）。
3）关于建设工程质量保修的说法，正确的是（　　　）。

2. 建设工程质量的最低保修期限 [13、14、16、17、21、22 年单选，18、19、22 年多选]

建设工程质量的最低保修期限　　　　　　　　　　　　　　　　表 1Z307050-1

法定最低保修年限	具体工程类别
2 年	电气管线、给水排水管道、设备安装和装修工程
2 个采暖期、供冷期	供热与供冷系统
5 年	屋面防水、有防水要求的卫生间、房间和外墙面的防渗漏工程
设计文件规定的合理使用年限	基础设施工程、房屋建筑地基基础和主体结构工程
约定	其他项目的保修期限由发包方与承包方约定

（1）本考点重复进行考核的概率较大，关于建设工程质量的最低保修期限还要掌握下述相关要点：
1）如果建设单位与施工单位经平等协商另行签订保修合同的，其保修期限可以高于法定的最低保修期限，但不能低于最低保修期限，否则视作无效。
2）建设工程保修期的起始日是竣工验收合格之日。
3）建设工程在超过合理使用年限后需要继续使用的，产权所有人应当委托具有相应资质等级的勘察、设计单位鉴定，并根据鉴定结果采取加固、维修等措施，重新界定使用期。
（2）本考点命题方式举例如下：
1）根据《建设工程质量管理条例》，下列建设工程质量保修期限的约定中，符合规定的是（　　　）。
2）在正常使用条件下，基础设施工程、房屋建筑的地基基础工程和主体结构工程的最低保修期限为（　　　）。
3）建设单位和施工企业经过平等协商确定某屋面防水工程的保修期限为 3 年，工程竣工验收合格移交使用后的第 4 年屋面出现渗漏，则承担该工程维修责任的是（　　　）。
4）关于建设工程质量保修的说法，正确的是（　　　）。
5）关于建设工程超过合理使用年限后需要继续使用的说法，正确的是（　　　）。

【考点 2】质量责任的损失赔偿（☆☆☆☆）

1. 保修义务的责任落实与损失赔偿责任的承担 [21 年多选]

> ◆因保修人未及时履行保修义务，导致建筑物毁损或者造成人身损害、财产损失的，保修人应当承担赔偿责任。
> ◆保修人与建筑物所有人或者发包人对建筑物毁损均有过错的，各自承担相应的责任。

2. 建设工程质量保证金 [18、19、20、21、22 年单选，20、22 年多选]

建设工程质量保证金 表 1Z307050-2

项目		内容
限制		除依法依规设立的投标保证金、履约保证金、工程质量保证金、农民工工资保证金外，其他保证金一律取消；严禁新设保证金项目；转变保证金缴纳方式，推行银行保函制度；未按规定或合同约定返还保证金的，保证金收取方应向建筑业企业支付逾期返还违约金；在工程项目竣工前，已经缴纳履约保证金的，建设单位不得同时预留工程质量保证金
缺陷责任期的确定	约定	一般为 1 年，最长不超过 2 年，由发、承包双方在合同中约定
	起算	（1）从工程通过竣工验收之日起计。 （2）由于承包人原因导致工程无法按规定期限进行竣工验收的，缺陷责任期从实际通过竣工验收之日起计。 （3）由于发包人原因导致工程无法按规定期限进行竣工验收的，提交竣工验收报告 90 天后，工程自动进入缺陷责任期
质量保证金的预留与使用管理		（1）社会投资项目采用预留保证金方式的，发、承包双方可以约定将保证金交由第三方金融机构托管。 （2）保证金总预留比例不得高于工程价款结算总额的 3%。 （3）约定由承包人以银行保函替代预留保证金的，保函金额不得高于工程价款结算总额的 3%。 （4）由承包人原因造成的缺陷，承包人应负责维修，并承担鉴定及维修费用。承包人维修并承担相应费用后，不免除对工程的损失赔偿责任。 （5）由他人原因造成的缺陷，发包人负责组织维修，承包人不承担费用，且发包人不得从保证金中扣除费用

（1）承包人可以银行保函替代预留保证金。在工程项目竣工前，已经缴纳履约保证金的，发包人不得同时预留工程质量保证金。采用工程质量保证担保、工程质量保险等其他保证方式的，发包人不得再预留保证金。
（2）本考点中涉及数值的要点要熟练掌握，避免混淆。
（3）要注意涉及"可以""不得""不免除"等的限定词，其常以反向表述作为干扰选项进行考核。
（4）本考点命题方式通常为：关于 ×× 的说法，正确的是（　　　）。

【考点3】建设工程质量保修违法行为应承担的主要法律责任（☆☆☆）
[14年单选]

◆施工单位不履行保修义务或者拖延履行保修义务的，责令改正，处10万元以上20万元以下的罚款，并对在保修期内因质量缺陷造成的损失承担赔偿责任。

◆企业申请建筑业企业资质升级、资质增项，在申请之日起前1年至资质许可决定作出前，有未依法履行工程质量保修义务或拖延履行保修义务情形的，资质许可机关不予批准。

1Z308000 解决建设工程纠纷法律制度

1Z308010 建设工程纠纷主要种类和法律解决途径

【考点1】建设工程纠纷的主要种类（☆☆☆☆☆）

1. 建设工程民事纠纷 [20、22年单选]

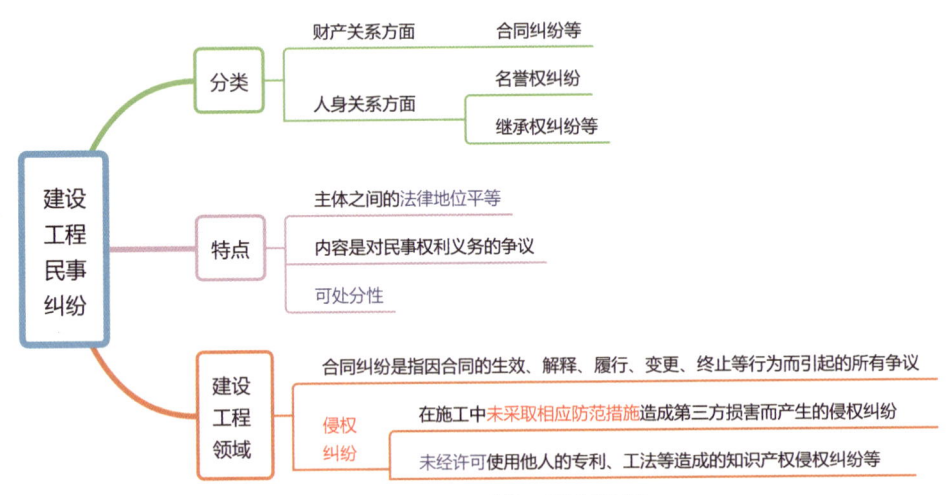

图 1Z308010-1　建设工程民事纠纷

 学习本考点的首要任务是能够区分判断哪些情形可导致建设工程领域的侵权纠纷。

2. 建设工程行政纠纷 [13、17年单选，21年多选]

建设工程行政纠纷　　　　　　　　　　　　　　　表 1Z308010-1

项目	内容
特征	除行政协议外，行政机关的行政行为具有以下特征： （1）行政行为是执行法律的行为。 （2）行政行为具有一定的裁量性。 （3）行政机关在实施行政行为时具有单方意志性，不必与行政相对人协商或征得其同意，便可依法自主作出。 （4）行政行为是以国家强制力保障实施的，带有强制性。 （5）行政行为以无偿为原则，以有偿为例外

续表

项目	内容
种类	在建设工程领域，易引发行政纠纷的具体行政行为主要有如下几种： （1）行政许可； （2）行政处罚； （3）行政强制； （4）行政裁决

 关于行政行为特征的命题方式通常为：除行政协议外，关于行政机关的行政行为特征的说法，正确 / 错误的是（　　　　）。

【考点2】民事纠纷的法律解决途径（☆☆☆☆☆）

1. 和解与调解 [17、19、21、22年单选，16年多选]

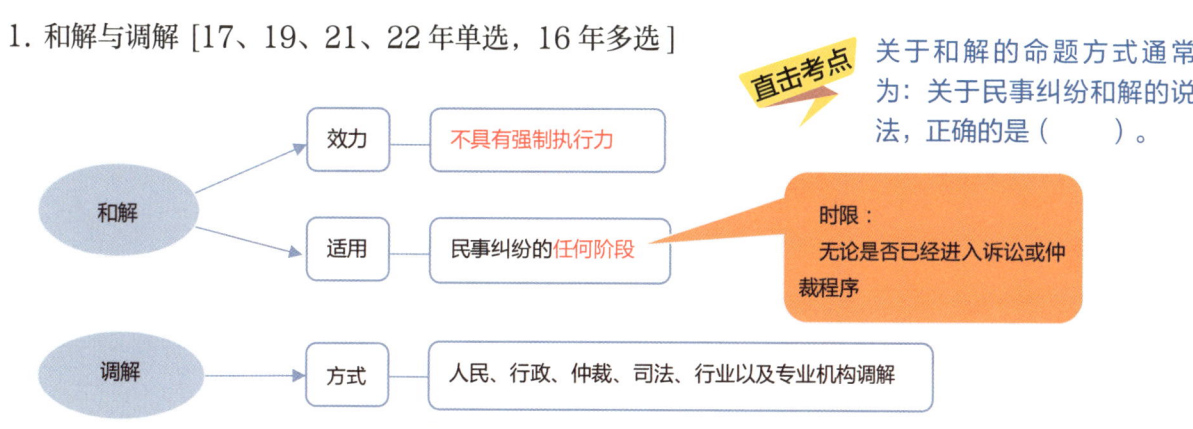

图 1Z308010-2　和解与调解

2. 仲裁 [20年单选，19、22年多选]

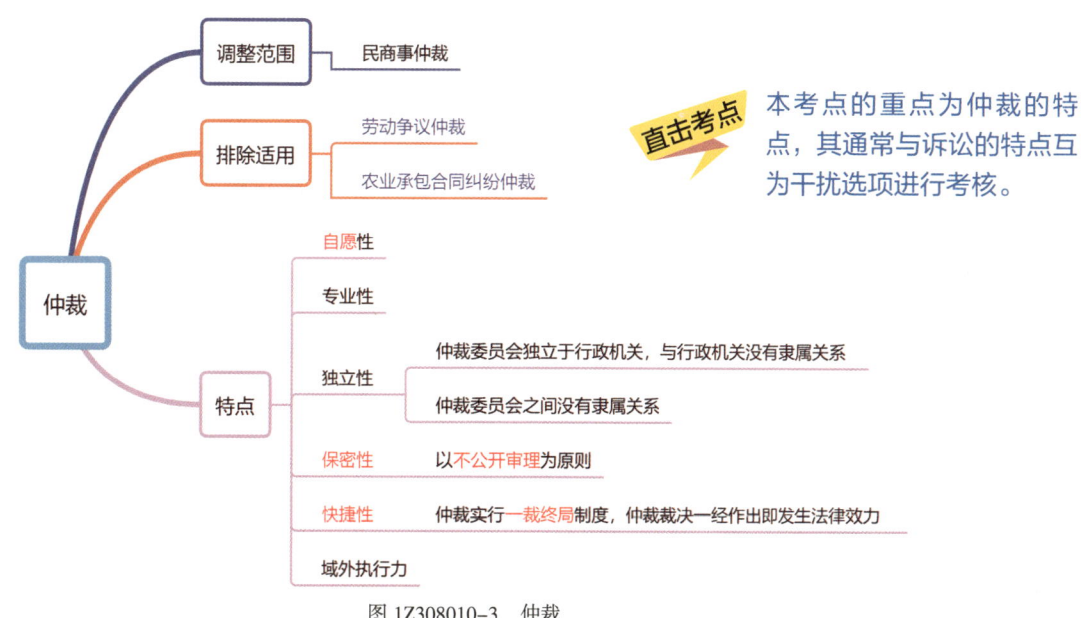

图 1Z308010-3　仲裁

3. 诉讼 [20、21 年单选，19 年多选]

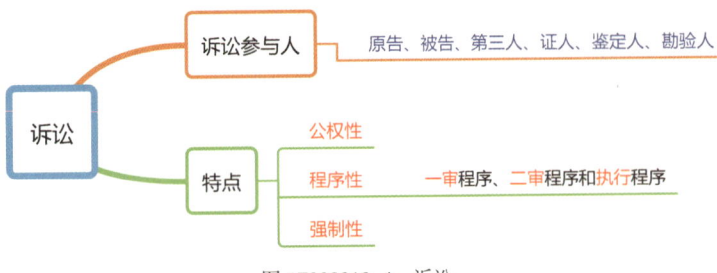

图 1Z308010-4　诉讼

本考点命题方式举例如下：
（1）民事诉讼的基本特征有（　　）。
（2）民事诉讼的三大诉讼阶段是（　　）。

【考点 3】行政纠纷的法律解决途径（☆☆☆）[22 年单选，17 年多选]

行政纠纷的法律解决途径　　　　　　　　　　　　　　表 1Z308010-2

途径	特征
行政复议	（1）有权提出行政复议的主体，必须是认为行政机关的**具体行政行为侵犯其合法权益的公民、法人和其他组织**。 （2）公民、法人和其他组织提出行政复议，**必须是在行政机关已经作出具体行政行为之后**，否则不存在复议问题。 （3）当事人只能按照法律规定向**有行政复议权**的行政机关申请复议。 （4）行政复议原则上采用**书面审查**办法
行政诉讼	（1）行政诉讼是法院解决行政机关实施行政行为时与公民、法人或其他组织发生的争议。 （2）行政诉讼为公民、法人或其他组织提供法律救济的同时，具有监督行政机关依法行政的功能。 （3）行政诉讼的被告与原告是恒定的，即被告**只能是行政机关**，原告则是作为行政行为相对人的公民、法人或其他组织，而不可能互易诉讼身份

关于本考点的学习主要是掌握上述两种途径的基本特点。熟练掌握上述"必须""只能""不可能"等限定词，其常以反向表述作为干扰选项进行考核。

1Z308020 民事诉讼制度

【考点 1】民事诉讼的法院管辖（☆☆☆☆）

1. 地域管辖 [16 年单选，17、18、19 年多选]

地域管辖　　　　　　　　　　　　　　　　　　　　表 1Z308020-1

项目		内容
一般地域管辖		"原告就被告"
特殊地域管辖	一般合同纠纷	（1）被告住所地 （2）合同履行地　二选一 合同对履行地点没有约定的，给付货币的，**接收货币**一方所在地为合同履行地。 交付不动产的，**不动产所在地**为合同履行地。 其他标的，履行义务一方所在地为合同履行地

续表

项目		内容
专属管辖	不动产纠纷	不动产所在地
		建设工程施工合同纠纷按照不动产纠纷确定管辖
协议管辖	适用	原告或被告住所地 合同履行或签订地　五选一 标的物所在地

（1）地域管辖实际上是以法院与当事人、诉讼标的以及法律事实之间的隶属关系和关联关系来确定的。

（2）不动产已登记的，以不动产登记簿记载的所在地为不动产所在地；不动产未登记的，以不动产实际所在地为不动产所在地。

（3）本考点命题方式举例如下：

1）地域管辖是以法院与（　　）之间的隶属关系和关联关系来确定的。

2）民事诉讼特殊地域管辖中，合同当事人对履行地点没有约定时，关于履行地点确定的说法，正确的有（　　）。

3）关于民事诉讼管辖制度的说法，正确的有（　　）。

4）根据《中华人民共和国民事诉讼法》及司法解释，因建设工程施工合同纠纷提起诉讼的管辖法院为（　　）。

2. 管辖权异议 [18 年单选，14 年多选]

◆人民法院受理案件后，当事人对管辖权有异议的，应当在提交答辩状期间提出。人民法院对当事人提出的异议，应当审查。异议成立的，裁定将案件移交有管辖权的人民法院；异议不成立的，裁定驳回。

◆管辖异议一般包括：就地域管辖权提出异议；就级别管辖权提出异议；仲裁协议或仲裁条款有效的，为排除法院管辖而提出异议等。

3. 管辖权转移

◆移送管辖是没有管辖权的法院把案件移送给有管辖权的法院审理，而管辖权转移是有管辖权的法院把案件转移给原来没有管辖权的法院审理。

◆移送管辖可能在上下级法院之间或者在同级法院间发生，而管辖权转移仅限于上下级法院之间。

【考点2】民事诉讼当事人和代理人的规定（ ☆☆☆ ）

1. 当事人 [15年多选]

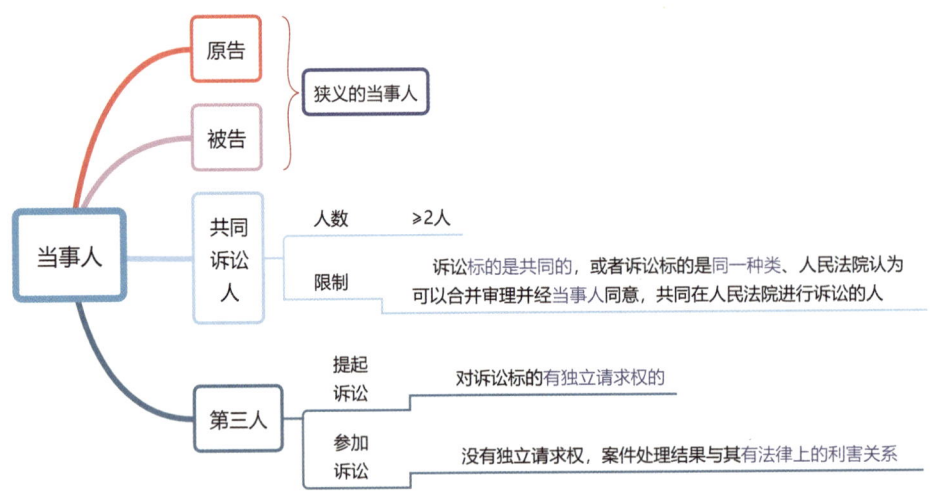

图 1Z308020-1　当事人

2. 诉讼代理人 [20年单选]

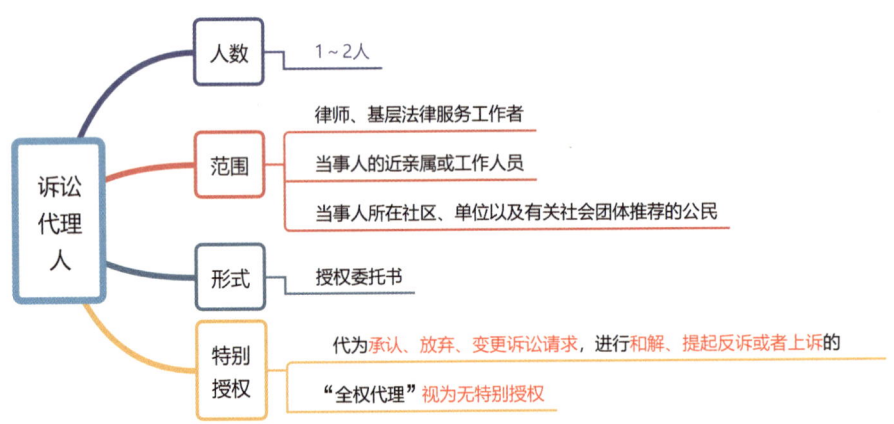

图 1Z308020-2　诉讼代理人

 对"涉及的人数和范围"需要有个印象，"需要特别授权的情形"是需要重点掌握的内容，本考点命题方式举例：民事诉讼活动中，诉讼代理人代为承认、放弃、变更诉讼请求的，必须有委托人的授权，该授权属于（　　）。

【考点3】民事诉讼证据的种类、保全和应用（☆☆☆☆）

1. 民事诉讼证据的种类 [14、15、19 年单选]

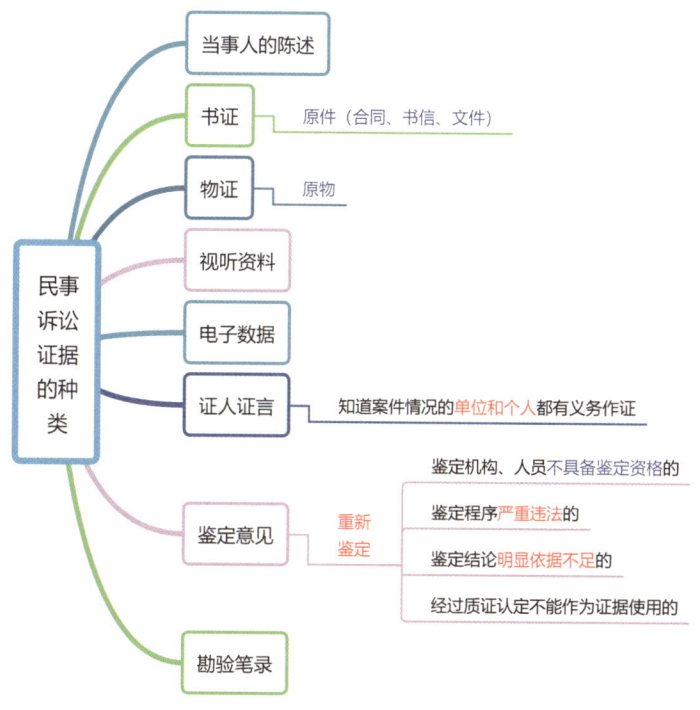

直击考点

（1）对有缺陷的鉴定结论，可以通过补充鉴定、重新质证或者补充质证等方法解决的，不予重新鉴定。可以重新鉴定的四类情形也可以多项选择题的形式进行考核。

（2）本考点命题方式举例如下：

1）当事人提出证据证明存在下列情形，人民法院应当准许重新鉴定的是（　　）。

2）在施工合同纠纷的诉讼中，能作为证据的有（　　）。

3）当事人提交给法院的以下材料中，不属于民事诉讼证据的有（　　）。

4）根据《中华人民共和国民事诉讼法》，下列证据中，属于书证的是（　　）。

图 1Z308020-3　民事诉讼证据的种类

2. 证据保全的申请与实施 [21 年单选]

◆申请时限：**举证期限届满前**向人民法院提出。

◆当事人或者利害关系人申请采取查封、扣押等限制保全标的物使用、流通等保全措施，或者保全可能对证据持有人造成损失的，人民法院应当**责令申请人提供相应的担保**。

3. 举证时限和证据交换

举证时限和证据交换　　　　　　　　表 1Z308020-2

项目		内容
	依据	人民法院根据当事人的主张和案件审理情况，确定当事人应当提供的证据及其期限
举证时限	一审	第一审普通程序案件不得少于 15 日
	二审	当事人提供新的证据的第二审案件不得少于 10 日
	简易	适用简易程序审理的案件不得超过 15 日
	小额	小额诉讼案件的举证期限一般不得超过 7 日
证据交换		诉讼答辩期届满后开庭审理前

4. 质证

质证　　　　　　　表 1Z308020-3

项目	内容
要求	（1）证据应当在法庭上出示，由当事人质证。 （2）对涉及国家秘密、商业秘密和个人隐私的证据应当保密，需要在法庭出示的，不得在公开开庭时出示。 （3）未经质证的证据，不能作为认定案件事实的依据
证人证言的质证	（1）无正当理由未出庭的证人以书面等方式提供的证言，不得作为认定案件事实的根据。 （2）审判人员可以对证人进行询问。 （3）当事人及其诉讼代理人经审判人员许可后可以询问证人
对鉴定意见的质证	鉴定人拒不出庭作证的，鉴定意见不得作为认定案件事实的根据。经法庭许可，当事人可以询问鉴定人

5. 认证 [22 年单选]

> 以下证据不能单独作为认定案件事实的依据：
> ◆ 当事人的陈述；
> ◆ 无民事行为能力人或者限制民事行为能力人所作的与其年龄、智力状况或者精神健康状况不相当的证言；
> ◆ 与一方当事人或者其代理人有利害关系的证人陈述的证言；
> ◆ 存有疑点的视听资料、电子数据；
> ◆ 无法与原件、原物核对的复制件、复制品。

【考点4】民事诉讼时效的规定（☆☆☆☆）

1. 民事诉讼时效的概述及不适用于诉讼时效的情形 [21 年单选，16 年多选]

民事诉讼时效的概述及不适用于诉讼时效的情形　　　　表 1Z308020-4

项目	内容
概述	超过诉讼时效期间，在法律上发生的效力是权利人的胜诉权消灭。 当事人对诉讼时效利益的预先放弃无效。 诉讼时效期间届满后，义务人同意履行的，不得以诉讼时效期间届满为由抗辩；义务人已经自愿履行的，不得请求返还
不适用于诉讼时效的情形	（1）支付存款本金及利息请求权。 （2）兑付国债、金融债券以及向不特定对象发行的企业债券本息请求权。 （3）基于投资关系产生的缴付出资请求权。 （4）其他依法不适用诉讼时效规定的债权请求权

 **本考点命题方式通常为：对下列债权请求权提出诉讼时效抗辩，人民法院应当予以支持/不予支持的是（　　）。**

2. 诉讼时效期间的种类及起算 [19 年单选]

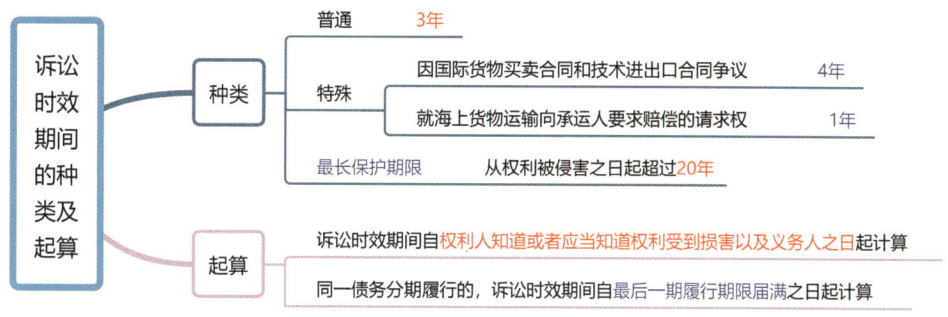

图 1Z308020-4　诉讼时效期间的种类及起算

3. 诉讼时效中止和中断 [17 年单选]

诉讼时效中止和中断　　　　　　　　　　　　　　表 1Z308020-5

诉讼时效中止	诉讼时效中断
（1）不可抗力。 （2）无民事行为能力人或者限制民事行为能力人没有法定代理人，或者法定代理人死亡、丧失民事行为能力、丧失代理权。 （3）继承开始后未确定继承人或者遗产管理人。 （4）权利人被义务人或者其他人控制。 （5）其他导致权利人不能行使请求权的障碍	（1）权利人向义务人提出履行请求。 （2）义务人同意履行义务。 （3）权利人提起诉讼或者申请仲裁。 （4）与提起诉讼或者申请仲裁具有同等效力的其他情形 口诀助记　中止在天意，中断在人为。

直击考点　（1）诉讼时效中止适用的时限为：诉讼时效期间的最后 6 个月内。
（2）诉讼时效中断，从中断、有关程序终结时起，诉讼时效期间重新计算。诉讼时效依据上述规定中断后，在新的诉讼时效期间内，再次出现上述规定的中断事由，可以认定为诉讼时效再次中断。

【考点 5】民事诉讼的审判程序（☆☆☆）

1. 一审程序 [13、21 年多选]

一审程序　　　　　　　　　　　　　　表 1Z308020-6

项目		内容
起诉	起诉条件	（1）原告是与本案有直接利害关系的公民、法人和其他组织。 （2）有明确的被告。 （3）有具体的诉讼请求和事实理由。 （4）属于人民法院受理民事诉讼的范围和受诉人民法院管辖
	起诉方式	原则：书面。 例外：口头

项目	内容
受理	（1）符合起诉条件的，应当在 7 日内立案，并通知当事人。 （2）不符合起诉条件的，应当在 7 日内作出裁定书，不予受理；原告对裁定不服的，可以提起上诉。 （3）人民法院应当在立案之日起 5 日内将起诉状副本发送被告，被告应当在收到之日起 15 日内提出答辩状
开庭审理	调查→辩论→笔录→宣判。 按撤诉处理：经传票传唤，原告无正当理由拒不到庭的，或者擅自中途退庭的。（若被告有上述情形则可以缺席判决） 可以缺席判决：被告反诉的
简易程序	由审判员一人独任审判。 以简便方式送达的开庭通知，未经当事人确认或者没有其他证据证明当事人已经收到的，人民法院不得缺席判决

口助诀记 起诉条件：原告利害被告明，诉求事由法院管。

（1）关于一审程序还应了解下述要点：

1）普通程序的审判组织应当采用合议制。

2）被告在收到受理案件通知和应诉通知后，如果对管辖权有异议的，应当在提交答辩状期间提出。当事人未提出管辖异议，并应诉答辩的，视为受诉人民法院有管辖权，但违反级别管辖和专属管辖规定的除外。

3）诉讼文书送达方式包括：直接送达；留置送达。经受送达人同意，人民法院可以采用能够确认其收悉的电子方式送达诉讼文书。受送达人提出需要纸质文书的，人民法院应当提供，采用前述方式送达的，以送达信息到达受送达人特定系统的日期为送达日期。

（2）本考点的命题方式多为：关于 ×× 的说法，正确的是（　　）。

2. 上诉期间和上诉状 [22 年多选]

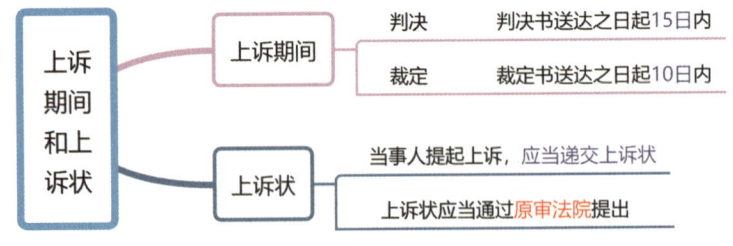

图 1Z308020-5　上诉期间和上诉状

第二审人民法院审理对判决的上诉案件，审限为 3 个月；审理对裁定的上诉案件，审限为 30 日。

3. 二审法院对上诉案件的处理 [13 年单选，22 年多选]

二审法院对上诉案件的处理　　　　　表 1Z308020-7

认定事实	法律适用	处理方式
清楚	正确	驳回上诉，维持原判决、裁定
错误	错误	依法改判、撤销或者变更
基本事实不清		撤销原判决，发回重审／改判
遗漏当事人或程序严重违法		撤销原判决，发回重审

（1）第二审人民法院对上诉案件应当开庭审理。

（2）第二审法院作出的具有给付内容的判决，具有强制执行力。

（3）当事人对重审案件的判决、裁定，仍然可以上诉。原审人民法院对发回重审的案件作出判决后，当事人提起上诉的，第二审人民法院不得再次发回重审。

（4）本考点的命题方式多为：关于 ×× 的说法，正确的是（　　　）。

4. 审判监督程序

审判监督程序　　　　　表 1Z308020-8

项目	内容
应当再审	（1）有新的证据，足以推翻原判决、裁定的。 （2）原判决、裁定认定的基本事实缺乏证据证明的。 （3）原判决、裁定认定事实的主要证据是伪造的。 （4）原判决、裁定认定事实的主要证据未经质证的。 （5）对审理案件需要的主要证据，当事人因客观原因不能自行收集，书面申请人民法院调查收集，人民法院未调查收集的。 （6）原判决、裁定适用法律确有错误的。 （7）审判组织的组成不合法或者依法应当回避的审判人员没有回避的。 （8）无诉讼行为能力人未经法定代理人代为诉讼或者应当参加诉讼的当事人，因不能归责于本人或者其诉讼代理人的事由，未参加诉讼的。 （9）违反法律规定，剥夺当事人辩论权利的。 （10）未经传票传唤，缺席判决的。 （11）原判决、裁定遗漏或者超出诉讼请求的。 （12）据以作出原判决、裁定的法律文书被撤销或者变更的。 （13）审判人员审理该案件时有贪污受贿，徇私舞弊、枉法裁判行为的
可以申请再审的时间	当事人申请再审，应当在判决、裁定发生法律效力后 6 个月内提出

【考点6】民事诉讼的执行（☆☆☆）

1. 民事诉讼的执行根据与执行案件的管辖 [20年单选]

民事诉讼的执行根据与执行案件的管辖　　　表 1Z308020-9

项目	内容
执行根据	（1）人民法院民事、行政判决、裁定、调解书，民事制裁决定、支付令，以及刑事附带民事判决、裁定、调解书，刑事裁判涉财产部分。 （2）依法应由人民法院执行的行政处罚决定、行政处理决定。 （3）我国仲裁机构作出的仲裁裁决和调解书，人民法院依据《中华人民共和国仲裁法》有关规定作出的财产保全和证据保全裁定。 （4）公证机关依法赋予强制执行效力的债权文书。 （5）经人民法院裁定承认其效力的外国法院作出的判决、裁定，以及国外仲裁机构作出的仲裁裁决。 （6）法律规定由人民法院执行的其他法律文书
执行案件的管辖	发生法律效力的民事判决、裁定，以及刑事判决、裁定中的财产部分，由第一审人民法院或者与第一审人民法院同级的被执行的财产所在地人民法院执行。 法律规定由人民法院执行的其他法律文书，由被执行人住所地或者被执行的财产所在地人民法院执行

 直击考点
（1）执行根据可能会以多项选择题的形式进行考核。
（2）执行案件的管辖的命题方式举例：发生法律效力的民事判决、裁定，当事人可以向人民法院申请执行，该人民法院应当是（　　）。

2. 当事人申请执行 [22年单选]

当事人申请执行　　　表 1Z308020-10

项目	内容
申请执行的期间	2年
起算	（1）从法律文书规定履行期间的最后1日起计算。 （2）法律文书规定分期履行的，从规定的每次履行期间的最后1日起计算。 （3）法律文书未规定履行期间的，从法律文书生效之日起计算

3. 执行异议

◆当事人、利害关系人认为执行行为违反法律规定的，可以向负责执行的人民法院提出书面异议。
◆执行异议审查和复议期间，不停止执行。

4. 执行措施 [19年单选]

执行措施　　　　　　　　　　　　表 1Z308020-11

项目	内容
执行措施	（1）查询、扣押、冻结、划拨、变价被执行人的存款、债券、股票、基金份额等财产。 （2）扣留、提取被执行人的收入。 （3）查封、扣押、冻结、拍卖、变卖被执行人的财产。 （4）对被执行人及其住所或财产隐匿地进行搜查。 （5）强制被执行人和有关单位、公民交付法律文书指定交付的财物或票证。 （6）强制被执行人迁出房屋或退出土地。 （7）强制被执行人履行法律文书指定的行为。 （8）办理财产权证照转移手续。 （9）强制被执行人支付迟延履行期间的加倍债务利息或迟延履行金。 （10）债权人发现被执行人有其他财产的，可以随时请求人民法院执行。 （11）限制出境。 （12）在征信系统记录、通过媒体公布不履行义务信息。 （13）法律规定的其他措施
纳入失信被执行人名单	（1）有履行能力而拒不履行生效法律文书确定义务的。 （2）以伪造证据、暴力、威胁等方法妨碍、抗拒执行的。 （3）以虚假诉讼、虚假仲裁或者以隐匿、转移财产等方法规避执行的。 （4）违反财产报告制度的。 （5）违反限制消费令的。 （6）无正当理由拒不履行执行和解协议的

本考点的命题方式宜分为如下两类：
（1）下列情形中，人民法院应当将被执行人纳入失信被执行人名单的是（　　　）。
（2）民事诉讼的执行措施包括／不包括（　　　）。

5. 执行中止和终结

执行中止和终结　　　　　　　　　　表 1Z308020-12

项目	内容
执行中止	（1）申请人表示可以延期执行的。 （2）案外人对执行标的提出确有理由异议的。 （3）作为一方当事人的公民死亡，需要等待继承人继承权利或承担义务的。 （4）作为一方当事人的法人或其他组织终止，尚未确定权利义务承受人的。 （5）人民法院认为应当中止执行的其他情形，如被执行人确无财产可供执行等
执行终结	（1）申请人撤销申请的。 （2）据以执行的法律文书被撤销的。 （3）作为被执行人的公民死亡，无遗产可供执行，又无义务承担人的。 （4）追索赡养费、扶养费、抚育费案件的权利人死亡的。 （5）作为被执行人的公民因生活困难无力偿还借款，无收入来源，又丧失劳动能力的。 （6）人民法院认为应当终结执行的其他情形

此处虽为考试空白点，但是可考性较强，为避免存在知识漏洞应当有所了解。

1Z308030 仲裁制度

【考点1】仲裁协议的规定（☆☆☆☆）

1. 仲裁协议的形式和内容 [14、15年单选，14、21年多选]

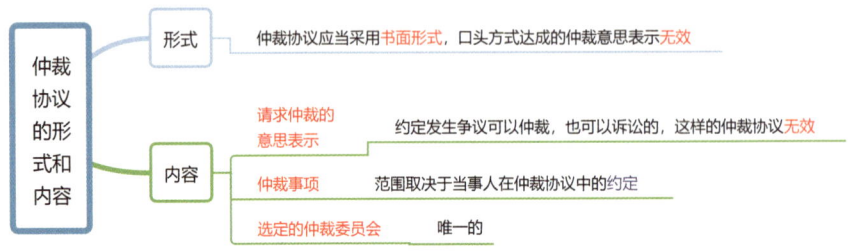

图 1Z308030-1　仲裁协议的形式和内容

（1）仲裁协议的三项内容必须同时具备，仲裁协议才能有效。

（2）仲裁协议约定两个以上仲裁机构的，当事人可以协议选择其中的一个仲裁机构申请仲裁；当事人不能就仲裁机构选择达成一致的，仲裁协议无效。

（3）本考点命题方式举例如下：

1）有效仲裁协议必须同时具备的内容有（　　）。

2）下列仲裁协议约定的内容中，属于有效条款的是（　　）。

2. 仲裁协议的效力 [16、18、22年单选，16、20年多选]

仲裁协议的效力　　　　　　　　　　　　　　　　　　表 1Z308030-1

项目	内容
对当事人的法律效力	仲裁协议一经有效成立，即对当事人产生法律约束力。 发生纠纷后，当事人只能向仲裁协议约定的仲裁机构申请仲裁，而不能就该纠纷向其他仲裁机构或者向人民法院提起诉讼
对法院的约束力	一方在首次开庭前提交仲裁协议的，人民法院应当驳回起诉，但仲裁协议无效的除外
对仲裁机构的法律效力	仲裁委员会只能对当事人在仲裁协议中约定的争议事项进行仲裁，对超出仲裁协议约定范围的其他争议事项无权仲裁
仲裁协议的独立性	仲裁协议独立存在，合同的变更、解除、终止或者无效，以及合同成立后未生效、被撤销等，均不影响仲裁协议的效力
仲裁协议效力的确认	对仲裁协议效力有异议的，应当在仲裁庭首次开庭前提出。 一方请求仲裁委员会作出决定，另一方请求人民法院作出裁定的，由人民法院裁定

（1）有效的仲裁协议排除人民法院对仲裁协议约定争议事项的司法管辖权。仲裁协议是仲裁委员会受理仲裁案件的基础，是仲裁庭审理和裁决案件的依据。

（2）当事人向人民法院申请确认仲裁协议效力的案件，由仲裁协议约定的仲裁机构所在地、仲裁协议签订地、申请人住所地、被申请人住所地的中级人民法院或者专门人民法院管辖。可能会以多项选择题的形式进行独立的考核。

（3）本考点的命题方式多为：关于 × × 的说法，正确的是（　　）。

【考点2】仲裁案件的申请和受理（☆☆☆）

1. 仲裁案件的申请和受理

仲裁案件的申请和受理　　　　　　　　　　　　表 1Z308030-2

项目	内容
申请条件	（1）有效的仲裁协议。 （2）有具体的仲裁请求和事实、理由。 （3）属于仲裁委员会的受理范围
审查期限	5 日内
受理	被申请人未提交答辩书的，不影响仲裁程序的进行。 被申请人有权在仲裁规则规定的期限内向仲裁委员会提出反请求

2. 财产保全和证据保全 [22 年单选]

◆可以在仲裁程序开始前，也可以在仲裁程序进行中。
◆当事人应向仲裁委员会提出书面申请，由仲裁委员会将当事人的申请转交被申请人住所地或其财产所在地及／或证据所在地有管辖权的人民法院作出裁定；当事人也可以直接向有管辖权的人民法院提出保全申请。
◆申请人在人民法院采取保全措施后 30 日内不依法申请仲裁的，人民法院应当解除保全。

【考点3】仲裁审理的法定程序（☆☆☆☆☆）

1. 仲裁庭的组成 [16、18、20、21 年单选，19 年多选]

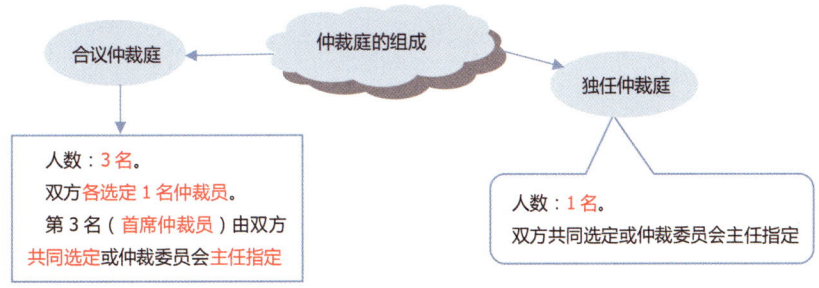

图 1Z308030-2　仲裁庭的组成

**直击考点**　（1）本考点还涉及仲裁员回避情形，但其较容易作出正确判断，不再进行赘述。
（2）本考点命题方式举例如下：
1）甲施工企业就施工合同纠纷向仲裁委员会申请仲裁，该仲裁案件由三名仲裁员组成仲裁庭，该案件的仲裁员选择正确的是（　　　）。
2）关于仲裁庭组成的说法，正确的有（　　　）。

2. 开庭和审理 [14、18 年单选]

◆仲裁审理的方式分为开庭审理（主要方式）和书面审理两种。
◆为了保护当事人的商业秘密和商业信誉，仲裁**不公开**进行。当事人要求公开审理的，由仲裁庭决定是否公开审理。
◆仲裁庭可以作出**缺席裁决**。
◆被申请人无正当理由开庭时不到庭的，或在开庭审理时未经仲裁庭许可中途退庭的，仲裁庭可以进行**缺席审理**，并作出裁决；如果被申请人提出了反请求，视为**撤回反请求**。

 本考点的命题方式多为：关于 ×× 的说法，正确的是（　　）。

3. 仲裁和解与调解 [19、20 年单选，14 年多选]

◆当事人申请仲裁后，可以自行和解。达成和解协议的，可以请求仲裁庭根据和解协议作出**裁决书**，也可以**撤回仲裁申请**。当事人达成和解协议，撤回仲裁申请后反悔的，仍可以根据**原仲裁协议**申请仲裁。
◆仲裁庭在作出裁决前，调解不成的，应当**及时作出裁决**。调解达成协议的，仲裁庭应当制作调解书或者根据协议的结果制作裁决书。
◆调解书与裁决书具有**同等**法律效力。
◆调解书经双方当事人签收后，即发生法律效力。在调解书签收前当事人反悔的，仲裁庭应当**及时作出裁决**。

 本考点的命题方式多为：关于 ×× 的说法，正确的是（　　）。

4. 仲裁裁决 [14、17 年多选]

仲裁裁决　　　　　　　　　　　　　　　　　　　　　　表 1Z308030-3

项目	内容
仲裁裁决含义	仲裁裁决是由仲裁庭作出的具有**强制执行效力**的法律文书
裁决书的效力	（1）裁决书**一裁终局**。 （2）仲裁裁决具有**强制执行力**，一方当事人不履行的，对方当事人可以到**法院**申请强制执行。 （3）仲裁裁决在所有《**纽约公约**》缔约国（或地区）可以得到承认和执行

【考点4】仲裁裁决的执行（☆☆☆☆）

1. 仲裁裁决的强制执行力 [21 年单选]

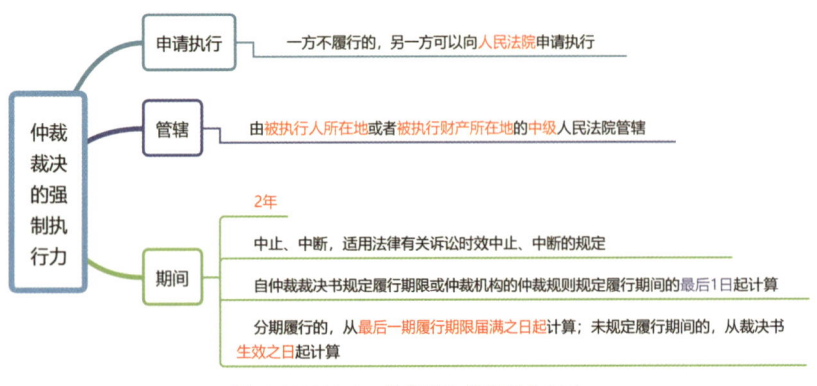

图 1Z308030-3　仲裁裁决的强制执行力

 "申请执行的受理主体"考点可能会进行填空式的考核，"管辖和期间"考点的命题形式多为：关于 ×× 的说法，正确的是（　　）。

2. 仲裁裁决的不予执行和撤销 [17、19 年单选，13、22 年多选]

仲裁裁决的不予执行和撤销　　　　　　　　表 1Z308030-4

项目	内容
不予执行	（1）当事人在合同中没有仲裁条款或者事后没有达成书面仲裁协议的。 （2）裁决的事项不属于仲裁协议的范围或者仲裁机构无权仲裁的。 （3）仲裁庭的组成或者仲裁的程序违反法定程序的。 （4）裁决所根据的证据是伪造的。 （5）对方当事人向仲裁机构隐瞒了足以影响公正裁决的证据的。 （6）仲裁员在仲裁该案时有索贿受贿、徇私舞弊、枉法裁决行为的
重新协议	仲裁裁决被法院依法裁定不予执行的，当事人就该纠纷可以重新达成仲裁协议，并依据该仲裁协议申请仲裁，也可以向法院提起诉讼
申请撤销	当事人提出证据证明裁决有上述情形之一的，可以向仲裁委员会所在地的中级人民法院申请撤销裁决。 当事人申请撤销裁决的，应当在收到裁决书之日起6个月内提出。 当事人就该纠纷可以根据双方重新达成的仲裁协议申请仲裁，也可以向人民法院起诉

口助诀记　不予执行：无议无权违程序，隐瞒伪证还受贿。

直击考点　（1）关于不予执行的内容，通常以："属于、不属于"的形式进行简单的考核。
（2）关于重新协议与申请撤销易进行综合性的考核，命题形式多为：关于 ×× 的说法，正确的是（　　）。

1Z308040 调解、和解制度与争议评审

【考点1】调解的规定（☆☆☆☆☆）

1. 人民调解 [14、21 年单选，20 年多选]

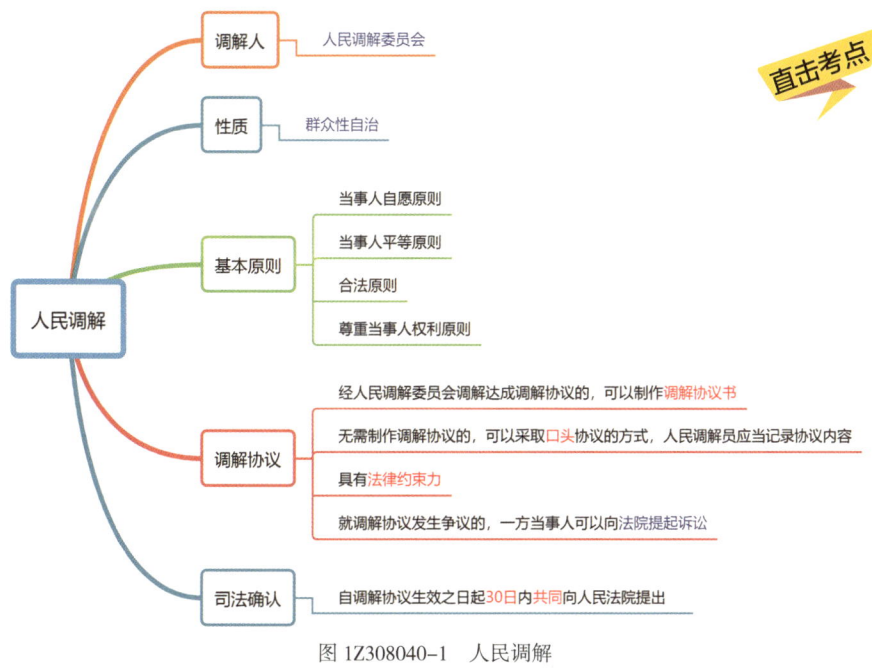

图 1Z308040-1　人民调解

直击考点　（1）关于司法确认不仅要掌握 30 日的时间限制，还要掌握都有哪些法院有权受理。司法确认可以向下列人民法院提出：
1）人民法院邀请调解组织开展先行调解的，向作出邀请的人民法院提出；
2）调解组织自行开展调解的，向当事人住所地、标的物所在地、调解组织所在地的基层人民法院提出；调解协议所涉纠纷应当由中级人民法院管辖的，向相应的中级人民法院提出。
（2）本考点的命题方式多为：关于人民调解的说法，正确的是（　　）。

2. 行政调解与仲裁调解 [13、16、17、18年单选，16年多选]

行政调解与仲裁调解　　　　　　　　　　　表 1Z308040-1

项目	内容
行政调解	（1）行政调解属于诉讼外调解。 （2）行政调解达成的协议具有合同约束力，但不具有强制执行力
仲裁调解	（1）调解达成协议的，仲裁庭应当制作调解书或者根据协议的结果制作裁决书。 （2）调解书经双方当事人签收后，即发生法律效力。 （3）调解书与裁决书具有同等法律效力。 （4）在调解书签收前当事人反悔的，仲裁庭应当及时作出裁决

 本考点命题方式举例如下：

（1）关于行政调解的说法，正确的是（　　　）。

（2）下列法律文书中，不具有强制执行效力的是（　　　）。

（3）仲裁机构受理仲裁案件经调解达成协议的，仲裁庭应当制作调解书或者根据协议的结果制作裁决书。关于调解书和裁决书的说法，正确的是（　　　）。

3. 法院调解 [16、17、19、22年多选]

法院调解　　　　　　　　　　　　　　　　表 1Z308040-2

项目		内容
效力		法院调解书经双方当事人签收后，即具有法律效力，效力与判决书相同
调解方法		可以由审判员一人主持，也可以由合议庭主持，并尽可能就地进行。 可以邀请有关单位和个人协助
调解协议	要求	（1）必须双方自愿，不得强迫。 （2）调解达成协议，人民法院应当制作调解书。 （3）调解书应当写明诉讼请求、案件的事实和调解结果。 （4）调解书由审判员、书记员署名，加盖人民法院印章
	可以不制作调解书的情形	（1）调解和好的离婚案件。 （2）调解维持收养关系的案件。 （3）能够即时履行的案件。 （4）其他不需要制作调解书的案件

 本考点的命题方式多为：关于 ×× 的说法，正确的是（　　　）。

4. 专业机构调解 [16年多选]

◆我国从事专业民商事调解的机构有中国国际商会（中国贸促会）调解中心、北京仲裁委员会调解中心等。

◆专业调解机构进行调解达成的调解协议对当事人双方具有合同约束力，可以通过法院的司法确认或者申请仲裁机构出具调解裁决书获得强制执行力。

 本考点进行独立考核的概率不大，很适合与其他调解方式进行综合性的考核。

【考点2】和解的规定（☆☆☆）[18、22年单选]

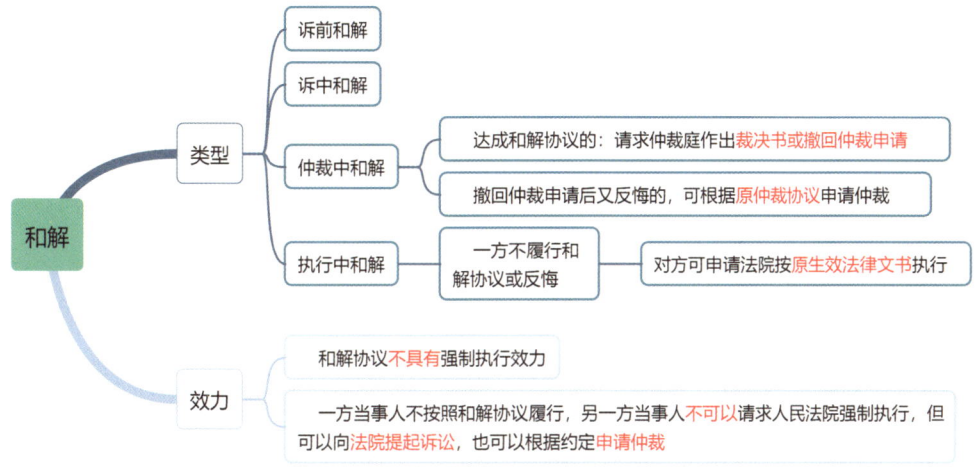

图 1Z308040-2　和解

（1）诉讼阶段的和解没有法律效力。当事人和解后，可以请求法院调解，制作调解书，经当事人签名盖章产生法律效力，从而结束全部或部分诉讼程序。

（2）和解成立后，当事人所争执的权利即归确定，所抛弃的权利随即消失，当事人不得任意反悔要求撤销。

（3）要注意上述涉及"不具有""不可以"等的限定词，其常以反向表述作为干扰选项进行考核。

（4）本考点的命题方式易为：关于××的说法，正确的是（　　）。

【考点3】争议评审机制的规定（☆☆☆）[20年单选，21年多选]

◆采用争议评审的，发包人和承包人应在开工日后的 28 天内或在争议发生后，协商成立争议评审组。

◆合同双方的争议，应首先由申请人向争议评审组提交一份详细的评审申请报告，并附必要的文件、图纸和证明材料，申请人还应将上述报告的副本同时提交给被申请人和监理人。被申请人在收到申请人评审申请报告副本后的 28 天内，向争议评审组提交答辩报告，并附证明材料。

◆除专用合同条款另有约定外，在调查会结束后的 14 天内，争议评审组应在不受任何干扰的情况下进行独立、公正的评审，作出书面评审意见，并说明理由。在争议评审期间，争议双方暂按总监理工程师的确定执行。

（1）上述涉及的天数应重点进行区分。

（2）本考点的命题方式易为：关于××的说法，正确的是（　　）。

1Z308050 行政复议和行政诉讼制度

【考点1】行政许可和行政强制的种类及法定程序（☆☆☆☆）

1. 可以设定行政许可的事项 [19年多选]

◆直接涉及国家安全、公共安全、经济宏观调控、生态环境保护以及直接关系人身健康、生命财产安全等特定活动，需要按照法定条件予以批准的事项。
◆有限自然资源开发利用、公共资源配置以及直接关系公共利益的特定行业的市场准入等，需要赋予特定权利的事项。
◆提供公众服务并且直接关系公共利益的职业、行业，需要确定具备特殊信誉、特殊条件或者特殊技能等资格、资质的事项。
◆直接关系公共安全、人身健康、生命财产安全的重要设备、设施、产品、物品，需要按照技术标准、技术规范，通过检验、检测、检疫等方式进行审定的事项。
◆企业或者其他组织的设立等，需要确定主体资格的事项。

2. 行政许可的设定权限 [15年单选，20年多选]

◆法律可以设定行政许可。尚未制定法律的，行政法规可以设定行政许可。必要时，国务院可以采用发布决定的方式设定行政许可。
◆尚未制定法律、行政法规的，地方性法规可以设定行政许可；尚未制定法律、行政法规和地方性法规的，因行政管理的需要，确需立即实施行政许可的，省、自治区、直辖市人民政府规章可以设定临时性的行政许可。
◆地方性法规和省、自治区、直辖市人民政府规章，不得设定应当由国家统一确定的公民、法人或者其他组织的资格、资质的行政许可；不得设定企业或者其他组织的设立登记及其前置性行政许可。

（1）要注意上述涉及"不得"，其常以反向表述作为干扰选项进行考核。
（2）临时性的行政许可实施满1年需要继续实施的，应当提请本级人民代表大会及其常务委员会制定地方性法规。

3. 行政强制的种类 [22年多选]

行政强制的种类　　　　　　　　　　　　　　表 1Z308050-1

项目	种类
行政强制措施	（1）限制公民人身自由。 （2）查封场所、设施或者财物。 （3）扣押财物。 （4）冻结存款、汇款。 （5）其他行政强制措施

续表

项目	种类
行政强制执行	（1）加处罚款或者滞纳金。 （2）划拨存款、汇款。 （3）拍卖或者依法处理查封、扣押的场所、设施或者财物。 （4）排除妨碍、恢复原状。 （5）代履行。 （6）其他强制执行方式

4. 行政强制的法定程序 [20 年单选]

◆ 行政强制执行由法律设定。
◆ 法律没有规定行政机关强制执行的，作出行政决定的行政机关应当申请人民法院强制执行。

【考点 2】行政复议范围和行政诉讼受案范围（☆☆☆）
[13、14 年单选，21 年多选]

行政复议范围　　　　　　　　　　　　　　　　　　表 1Z308050-2

可申请行政复议的范围	不能提起行政复议的范围
（1）对行政机关作出的警告、罚款、没收违法所得、没收非法财物、责令停产停业、暂扣或者吊销许可证、暂扣或者吊销执照、行政拘留等行政处罚决定不服的。 （2）对行政机关作出的限制人身自由或者查封、扣押、冻结财产等行政强制措施决定不服的。 （3）对行政机关作出的有关许可证、执照、资质证、资格证等证书变更、中止、撤销的决定不服的。 （4）认为行政机关侵犯合法的经营自主权的。 （5）认为行政机关违法集资、征收财物、摊派费用或者违法要求履行其他义务的。 （6）认为符合法定条件，申请行政机关颁发许可证、执照、资质证、资格证等证书，或者申请行政机关审批、登记有关事项，行政机关没有依法办理的。 （7）认为行政机关的其他具体行政行为侵犯其合法权益的	（1）不服行政机关作出的行政处分或者其他人事处理决定的，应当依照有关法律、行政法规的规定提起申诉。 （2）不服行政机关对民事纠纷作出的调解或者其他处理，应当依法申请仲裁或者向法院提起诉讼  **不能提起行政复议的范围：行政处分人事决，民事调解均不可。**

 （1）也可以进行理解记忆，可以申请行政复议的范围都是行政执法行为，不可提起行政复议的范围都不属于行政执法行为。
（2）行政诉讼受案范围共计 12 项，其命题形式可为：公民、法人或者其他组织提起的下列诉讼中，属于行政诉讼受案范围的有（　　　）。

【考点3】行政复议的申请、受理和决定的有关规定（ ☆☆☆☆ ）

1. 行政复议的申请与受理 [21年单选，16、17、18年多选]

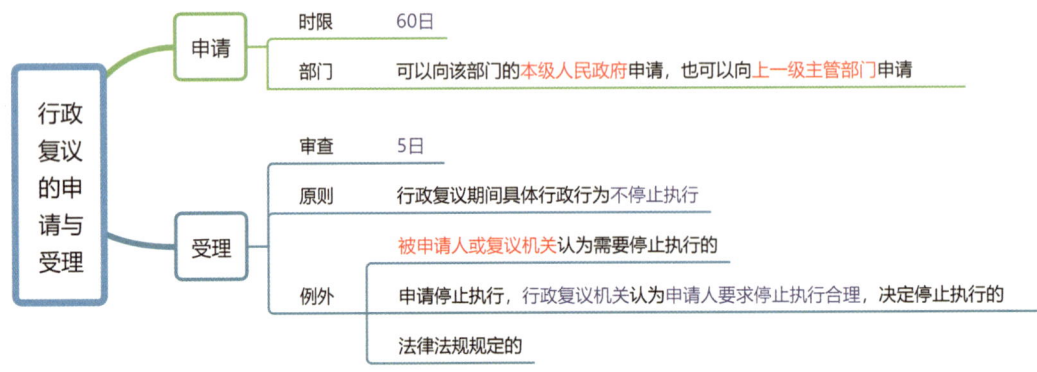

图 1Z308050-1　行政复议的申请与受理

 行政复议申请的受理部门是考核的要点，且以小案例的形式进行命题，举例如下：
（1）A市B区国土资源局以甲施工企业非法占地违规建造为由，责令甲限期拆除其建筑，退还所占土地。甲不服，欲申请行政复议。关于有权受理该案行政复议的行政机关的说法，正确的有（　　）。
（2）施工企业对H市甲县环保局作出的罚款行为不服，可以向下列行政机关提起行政复议的有（　　）。

2. 行政复议决定 [19年单选]

◆行政复议原则上采取书面审查的办法。
◆行政复议决定作出前，申请人要求撤回行政复议申请的，经说明理由，可以撤回；撤回行政复议申请的，行政复议终止。
◆对于具体行政行为有下列情形之一的，决定撤销、变更或者确认该具体行政行为违法；决定撤销或者确认该具体行政行为违法的，可以责令被申请人在一定期限内重新作出具体行政行为：
（1）主要事实不清、证据不足的；
（2）适用依据错误的；
（3）违反法定程序的；
（4）超越或者滥用职权的；
（5）具体行政行为明显不当的。

【考点4】行政诉讼的管辖与审理（☆☆☆）

1. 行政诉讼的管辖 [15年单选]

◆行政案件由最初作出行政行为的行政机关所在地人民法院管辖。
◆对限制人身自由的行政强制措施不服提起的诉讼，由被告所在地或者原告所在地人民法院管辖。因不动产提起的行政诉讼，由不动产所在地人民法院管辖。
◆原告向两个以上有管辖权的人民法院提起诉讼的，由最先立案的人民法院管辖。

2. 行政诉讼的审理 [15、16年单选]

◆行政诉讼期间，除该法规定的情形外，不停止行政行为的执行。
◆法院审理行政案件，不适用调解。
◆人民法院公开审理行政案件，但涉及国家秘密、个人隐私和法律另有规定的除外。（绝对不公开）
◆涉及商业秘密的案件，当事人申请不公开审理的，可以不公开审理。（相对不公开）

图书在版编目（CIP）数据

建设工程法规及相关知识考霸笔记 / 全国一级建造师执业资格考试考霸笔记编写委员会编写 . —北京：中国城市出版社，2023.6
（全国一级建造师执业资格考试考霸笔记）
ISBN 978-7-5074-3610-5

Ⅰ.①建… Ⅱ.①全… Ⅲ.①建筑法—中国—资格考试—自学参考资料 Ⅳ.① D922.297.4

中国国家版本馆CIP数据核字（2023）第085255号

责任编辑：李 璇
责任校对：张惠雯
书籍设计：强 森

全国一级建造师执业资格考试考霸笔记
建设工程法规及相关知识考霸笔记
全国一级建造师执业资格考试考霸笔记编写委员会 编写

*

中国建筑工业出版社、中国城市出版社出版、发行（北京海淀三里河路9号）
各地新华书店、建筑书店经销
北京海视强森文化传媒有限公司制版
临西县阅读时光印刷有限公司印刷

*

开本：880毫米×1230毫米 1/16 印张：9 字数：246千字
2023年6月第一版 2023年6月第一次印刷
定价：**68.00**元
ISBN 978-7-5074-3610-5
（904607）